JN102475

映画で学ぶ憲法 II

愛敬浩二
飯島滋明
池田弘乃
石埼 学
今井健太郎
岩垣真人
岡田健一郎
奥山亜喜子
金井光生
鴨志田祐美
川口かしみ
木下ちがや
清末愛砂
吉良貴之
小池洋平
斎藤一久
齊藤笑美子
杉山有沙
髙佐智美
髙良沙哉
徳永貴志
中村安菜
比良友佳理
藤井康博
茂木洋平
望月衣塑子
森分大輔
著

志田陽子
榎澤幸広
中島 宏
石川裕一郎
編

法律文化社

はしがき──色褪せないブースター

　コロナ自粛で自宅で映画をみる人が増えた。みる人が増えたらコンテンツも増えた。昔ならテレビではまずみられなかったような作品も、今ではネット配信でみることができる。それならばステイホームで映画をみて、ついでに少し憲法の勉強になれば、お得かもしれない。

　まずはそういう気分で、気楽に、少し物知りになれる便利本として、本書を手にとっていただければと思います。しかし、その気になればどんどん深みにはまる内容なので、その気になった人はぜひ深みにはまってください。

　法学、とくに憲法を学ぼうとすると、重要な用語のイメージがつかめず、「ピンとこない」、そこがネックになって勉強が進まない、ということがあると思います。そこを言葉で説明しようとすると、ますます理屈っぽくて消化しにくい話になってしまう。そこで、そういう言葉の消化吸収を助けるブースターのような映画を一緒にみて、感覚をつかむのが良いのではないか。そのとき、その映画のどこを見ると憲法学習のブースターとして役立つのか、野暮を承知でそこを解説する本を作ろうと考えて、本書の前身となる『映画で学ぶ憲法』を2014年に作りました。

　そこから5年。幸いにして多くの方に読んでいただき、また、大学や高校の授業で活用してくださった教員の方、映画上映会での作品選定に役立ててくださった一般市民の方や行政関係の方の声もいただき、2冊目を作る運びとなりました。2冊目も、気軽な教養書として広く読んでくださる方がいる一方で、教育・文化関係の方の実用ハンドブックとして活用していただけることを願っています。

　今回の2冊目は、編者も4名に増えました。いずれも映画好きで、映画を授業の中で積極的に生かしている大学教員です。複数の編者で何回も検討したおかげで、多様な視点から作品を選ぶことができ、憲法の全体像を知るうえで必要な論点をひととおりカバーできたと思います。

　とはいえ、本書のような紙版の本は、どうしても紙幅の制約があり、編者の思

う問題関心をすべてカバーできるものではありません。そこで今回は、『映画で学ぶ憲法』のウェブ版を立ち上げ、本書に掲載しきれなかった作品紹介や本書では圧縮をお願いした原稿の元の長いバージョンや関連情報を【映画で学ぶ憲法 ウェブラウンジ】として掲載することにしています。なお、以下の QR コードもしくは法律文化社ウェブサイトの「教科書関連情報」（https://www.hou-bun. com/01main/01_04.html）からアクセスできますので、そちらもどうぞ閲覧をお願いします。

　本来ならば本書は、コロナ・ステイホームが始まり、各学校がリモート授業に切り替えた 1 年前の時点で刊行できれば理想でした。が、本書にかかわってくださった方々や肝心の編者が、大学のコロナ対応などに手を取られ、当初の予定から 1 年遅れての刊行となりました。この遅れはひとえに編者の責めに帰すべきもので、1 年以上前の時点で原稿を完成させてくださっていた執筆者の方々には、深くお詫びと感謝を申し上げます。と同時に、本書で選んだテーマと作品は、一時の賞味期限で価値を失うものはなく、時間が経っても色褪せないものばかりです。

　歴史は繰り返す。とくに、起きた歴史的事実にたいする記憶が薄れ、反省や危機感が薄れたところで、繰り返される。そのことを考えたとき、息の長い過去の作品、重要な歴史的事件を今の視点と技術であらためて問い直す作品、今後も観る者にさまざまな問いかけをし続けるに違いない作品をとりあげ、ご紹介することができるのは、編者一同にとって大きな喜びです。本書が法学学習の色褪せないブースターとなることを願っています。

編者一同を代表して　志田陽子

ウェブラウンジ用 QR コード

目　次

第Ⅲ部　精神的自由と文化

第Ⅳ部　人身の自由と法の適正手続

第Ⅴ部　経済的自由と福祉国家

第Ⅵ部　平等・多様性とマイノリティ・次世代

＊本書で取り上げた作品は、DVD や Blu-ray として現在市販されているう
　ち、発売元／販売元から許可がいただけたもののみジャケット写真を掲
　載しています。写真を掲載していない作品の中にも、購入・レンタルの
　可能なものがあります。ご協力いただいた関係者の皆様には、心より感
　謝いたします。

＊ジャケット写真下に明記した商品情報は、発売元／販売元によるクレ
　ジット表記の指示に従ったため、不統一となっています。なお、ジャ
　ケット写真および商品情報は、2021年 1 月現在のものであるため、価格
　についての税とは消費税10％であり、今後ジャケットデザイン等含めて
　予告なく変更することがあります。

映画で学ぶ憲法 II

1 良心が普遍的人権へと結実する場面

> 『**アメイジング・グレイス**』（Amazing Grace）マイケル・アプテッド監督、2006年［イギリス］／『**リンカーン**』（Lincoln）スティーブン・スピルバーグ監督、2013年［アメリカ］／『**未来を花束にして**』（Suffragette）サラ・ガヴロン監督、2015年［イギリス］

　奴隷制廃止といえば、誰もがまずリンカーンを思い浮かべるに違いない（映画『リンカーン』は奴隷制の廃止を憲法に明記する修正条項採択（「憲法修正」）をめぐる政治ドラマである）。しかしアメリカは奴隷制を率先して廃止した国ではなく、19世紀半ばになってもまだ奴隷制をやめない国として、当時の国際社会から批判を受けていた。『アメイジング・グレイス』は、リンカーンが活躍したアメリカ南北戦争より半世紀以上早い18世紀末、アメリカ独立とフランス革命が相次いで起きる市民革命期に、イギリスで奴隷貿易廃止のために尽力した2人の青年政治家を描いている。1人は国会議員ウィリアム・ウィルバーフォース。もう1人は史上最年少（24歳）で首相になったウィリアム・ピット。2人は奴隷制廃止に乗り出す意志を固め、政界に打って出る。

　奴隷制度の克服が憲法にとってどれほどの意味をもつかは本書の第Ⅳ部をみてほしい。本稿ではこの映画を議会制民主主義と立憲主義の観点からみる。

　ウィルバーフォースは貴族であり、商人であり、議員である。自分の家で奴隷を使わないことにしたところで、奴隷の使役から富を得ているという事実は、彼の良心を苛みつづけていた。しかし奴隷制と奴隷貿易から得られる収益を手放そうと唱えることは、当時の議員のほぼ全員を敵に回すことを意味していた。

　「みんなに本物の歌を聞かせたい」

　ピットは議員たちの前にウィルバーフォースを引っ張り出す。彼はある牧師が賛美歌に歌詞をつけた歌を披露する。かつて奴隷船の船長だった人物が、仕事の内容の残酷さに耐え切れず牧師へと転身し、その懺悔のために作った歌詞だった。『アメイジング・グレイス』、この歌は、今もさまざまなアーティストによってカバーされ、歌い継がれている。

　議員たちは冷笑を浮かべる。しかし少しずつ、奴隷制廃止への賛同者が増えていく……。

民主主義と立憲主義　この物語は、奴隷制の廃止と人身売買の禁止をめぐる物語として見ることもできるが、「民主主義と立憲主義」というテーマを読み取ることもできる。財界の意向が圧倒的な主導力をもつ議会政治の中で、時の多数者の意見や経済的利益よりも優越する高次の憲法ルールが存在する、という立憲主義の基本的な考え方が現れ、次第に共有されていく様子が描かれているからである。議会、行政、裁判所など、統治（国の仕事）にかかわる者はこの憲法ルールを守らなくてはならない。これは日本国憲法では99条「憲法尊重擁護義務」に明記されている。

　イギリスでは、議会運営のルールや議員の権利は、これより早い時期に実質的な憲法ルールとして確立していたのだが、そこに後から徐々に、「基本的人権尊重」のルールが組み込まれてきた。アメリカでも、「憲法」制定というとき、最初に作られたのは統治のルールだったが、その後、長い時間をかけて「人権」の条文が追加され、奴隷制も廃止されていった。その意味では、『アメイジング・グレイス』や『リンカーン』といった作品は、人々の良心の声が議会でのせめぎ合いをくぐり抜けて立憲主義ルールとなり、普遍的人権となっていくところを、映像にして見せてくれているともいえる。

　この軸でみたときには、このドラマの含意は大きく広がり、私たちが直面している今日の問題につながっていく。ウィルバーフォースやピットや元船長を苦しめ続けた良心の呵責の問題は、現在の多くの問題に通じるからである。軍事基地問題・武器輸出問題やエネルギーと環境の問題や不正な労働関係、そして「構造的暴力」と呼ばれる問題に、私たちはどう向き合うべきだろうか。

議会制民主主義と「平等」　さて、ウィルバーフォースが39万人もの署名を集めて議会に登壇するシーンは、憲法的観点から興味深い。当時のイギリスでは貴族男性にしか参政権がなく、一般庶民や女性は請願への署名しか意思表示の手立てがなかった。そうした人々の中に奴隷制に反対する者がこれだけいるのだ、ということが署名文書によって示されるのだが、議員たちはその署名の価値を黙殺しようとする。ウィルバーフォースは「民衆の声 voice of the people を無視することはできない」と声を荒げて叫ぶ。今ならば、国民主権な

いし人民主権を指す言葉として受け入れられている言葉である。

　しかしこの瞬間、議員たちは眉をひそめる。この瞬間の議会の《空気》の圧力の描き方は、この作品の重要な見どころである。ここからウィルバーフォースには逆風が吹きはじめ、同志である首相ウィリアム・ピットまでが「扇動罪の疑いをうけるぞ」と忠告する。

　アメリカ、フランスで貴族制度を否定する市民革命が次々に起きたこの時代、貴族中心のイギリス議会の面々は、こうした市民革命の流れがイギリスに及ぶことを恐れていた。「奴隷貿易」はたしかに非人道的だ、しかし「平等」と「民主主義」を本気で進めようとすれば、イギリス身分制社会が大きく揺らぐことになる——。さらに港町出身の議員は泣きベソ顔でいう。「私の選挙区で表立って奴隷廃止をいえば票を失ってしまうんです」。こうした微妙な足場の上で「人間の平等と解放」を主張することは至難の業だったことがわかる。

　参政権における「平等」としては、女性参政権のことにも触れておきたい。

　次々に壁に突き当たるウィルバーフォースを支えたのが、妻バーバラだ。彼女は、自身も社会福祉に大いに関心をもつ運動家である。

　「奴隷制の話など（聞きたくもないだろう?）」

　「いいえ。続けるべきよ（話も、活動も）」

　この時代に女性参政権があったならば、彼女たちの活躍もまた違うものになっていたに違いないが、この時代の女性たちはまだ選挙に参加できず、できることは男性議員を精神的に支援すること、署名運動や奴隷労働生産品（砂糖やチョコレート）の不買運動、そして啓発のための文化活動だった。女性たちが正面から参政権獲得を掲げて運動に立ち上がるのは、この100年後になる。映画『未来を花束にして』は1910年代の女性参政権獲得運動の妨害と抵抗を描いている。女性の参政権は、イギリスでは1918年、アメリカでは1919年、そして日本では1946年に認められた。

「言論の自由」と議論・討論へのリスペクト

議院の運営ルールや、議員の院内での発言の自由は、日本国憲法では41条から64条までの条文にさまざまな形で定められている。とくにここでは、議員がおこなった院内での発言については、法的責任（名誉毀損など）を問われない、というルール（憲法51条）に着目しよう。物語の中盤、ウィルバーフォースが、国益に反する扇

動をしたとの非難を受けて発言できなくなっていく状況が描かれる。これは逮捕されたり有罪判決を受けたりしたというエピソードではないが、それでも、時の多数者にとって不都合な発言や法案提出をした者が犯罪の非難を受けて発言できなくなるというのは、本来は起きるべきでない状況である。

　こうした議員の「特権」は、すべての人の人権である「言論の自由」(21条)や「請願権」(16条)が前提となっているが、それとはもう一段、別のものである。現実の社会の中では、これらが《人間》によってリレーされて、つながっていくのだ、ということが、これらの作品を見ているとよくわかる。歌を作った牧師、奴隷としての体験記を出版した元奴隷黒人、歌や出版を広めて署名に協力した女性たちや庶民たち、彼らの署名を国会に提出する議員たち……。

　本稿では最後に、こうしたつながりの中で「言論」のすそ野が大切に描かれている作品を、関連作品としておすすめしたい。議会や討論会、公式スピーチが描かれるとき、そこに登壇する人々は、スポーツ選手がトレーニングをするのと同じように、トレーニングをする。民主主義よりもはるか手前の時代、議会がまだ君主の諮問機関だった時代でさえ、映画『エリザベス』(→本書**14**)のエリザベス１世は、スピーチの自己訓練を延々と続ける。『サッチャー　鉄の女の涙』(2011年)の中のサッチャーも、『英国王のスピーチ』(2011年)の中のジョージ６世も、本書の別稿で紹介する『グレート・ディベーター』(→本書**13**)の中でも、同じである。こうした鍛錬をリスペクトする気風が映画文化の中にあるということに、重要な意味がある。

　2021年の２月には、女性が会議で長く発言することを困ることのように語った公人発言が大きな話題となり、発言できる社会の大切さが見直された。日本でも、言論の努力がリスペクトされる社会への転換が、今ようやく起きているのかもしれない。

　ここに描かれた努力は、ある時点で完了することのありえない、永遠に未完の物語である。彼らが闘ったものは、人間社会に常に形を変えて現れてくる、終わりのないものだからである。だから、このテーマではこれからも常に新しい作品が生み出されてくるだろうと思う。

（志田陽子）

2 国家権力の担い手からみた政治家の責任

‖『大臣と影の男』（L'EXERCICE DE L'ÉTAT）ピエール・ショレール監
‖督、2011年［フランス・ベルギー］

国家の運営とは何か

本作は、主人公であるベルトラン・サンジャン運輸大臣
が、大臣執務室のような部屋で巨大なワニの口の中に全
裸の女性が飲み込まれていくという衝撃的な夢をみるシーンから始まる。彼はし
かも、そんな夢をみながらある種の性的興奮を覚えているのである。映画を最後
までみても冒頭のシーンが何を意味するものなのか説明されることはなく、その
解釈は観客の想像に委ねられている。とはいえ、一つの解釈として、本編の所々
に描かれる政治の両義的性格、すなわち政治という営みの過酷さや残酷さとその
エロティックな魅力とを象徴的に表現しているものと考えることもできる。2011
年に初上映された本作は、現在のフランスに固有の政治状況や社会の姿をリアル
に描くだけでなく、原題でもある「国家の運営」を担う人物をめぐる人間ドラ
マ、さらには「政治とは何か」、「政治家の責任とは何か」といった普遍的テーマ
をも扱う作品となっている。

**フランス憲法に
おける政治体制**

1958年に始まる現行のフランス
第5共和制は、アメリカのよう
な大統領制ともイギリスや日本のような議院内閣制とも
異なる独特の政治体制をとっている。フランスの著名な
政治学者 M. デュヴェルジェは、憲法典に記された規定
とその運用が大統領制の要素と議院内閣制の要素の両方
を兼ね備えているところに注目し、これを「半大統領
制」と呼んだ。国民の直接選挙によって選ばれる大統領
が執行権の一部を担う一方、議院内閣制と同じように議
会に対して責任を負う首相と実質的な内閣も存在して大
統領と執行権を分有するのである。このような政治体制

大臣と影の男／発売：オン
リー・ハーツ

は、かつての立憲君主制において内閣が君主と議会の双方の信任に依拠することで権力の均衡が保たれていた時代の統治のあり方を思い起こさせることから、二元型議院内閣制と呼ばれることもある。

　最初に、サンジャン運輸大臣が法令上どのような位置づけを与えられた地位にあるのか少し詳しく見ておきたい。フランスには政府の組織について定めた憲法典の規定も組織法の規定も存在しない。日本では内閣の組織を法律で定めることが憲法に規定されており（憲法66条1項）、国家行政組織法によって包括的な基準を定め、そして内閣法や府省ごとの設置法等によって行政機関の組織編制がなされている。それに対して、フランスの行政組織については、立法府ではなく執行府の権限であると理解されているため、日本の政令や省令に相当する命令の形式で定められている。その結果、大臣などの政府構成員を任命する権限を憲法上有している大統領の交代や内閣改造があったときに、名称を含め省庁の組織編成も変わることが多い。

　また、アメリカと同様にフランスでも、立法府と執行府との権力分立を重視して政府構成員と国会議員との兼職が禁止されている。そのため、国会議員が大臣に任命された場合には国会議員職を辞さなければならない。議員職を保持したまま大臣職を務めることができるイギリスや日本の議院内閣制とは大きく異なる点である。さらに、フランスでは中央政府構成員や国会議員が地方の公選職を兼務することが多い点も特徴的である。ただし、2014年に制定された法律により国会議員についても市長などの地方執行職との兼職が禁止された。大臣等の中央政府構成員についても、法律による制限はないものの1997年以来サルコジ大統領時代（2007-12年）を除く歴代政権は、政府の方針として地方執行職との兼務を原則禁止している。本作では、サンジャン運輸大臣が間近に迫る地方選挙において、ディジョン市の市長ポストを狙って現職のプラード市長に対し兼職制限を利用した策謀を巡らすシーンが出てくるが、現在のマクロン大統領のもとでは、大臣自身も市長になるには大臣職を辞することが原則となっている。

　フランスでは大統領選挙で選出された大統領が属する党派と、議会下院である国民議会の選挙で多数議席を勝ち取った党派が異なった場合（「コアビタシオン」と呼ばれる）には、執行府における大統領の権力は極小化し、首相が議会多数派のリーダーとして事実上政府を率いることになるため、そのときは議院内閣制に

近い運用となる。しかし、両方の党派が一致した場合には、大統領が執行府の
トップであると同時に議会多数派のリーダーとして政府とその政策を主導するこ
とになる。本作で描かれている政治状況としては、大統領が政府の政策や人事に
細かく口出ししているところからして、後者の場合であろうと想像できる。

大臣の補佐体制　本作では、サンジャン運輸大臣とそれを支えるスタッフ
たちとの公私にわたる関係も詳細に描かれているので、
各省大臣のもとで働くスタッフの法的位置づけについても説明しておきたい。フ
ランスにおいて各省を所管する大臣は、省内の各部局職員とは別に自身の判断に
よって任命することができるスタッフで構成される「大臣キャビネ」（「大臣官房」
とも訳される）と呼ばれる公的組織に支えられている。大臣キャビネには10～20
名の公式スタッフとそれ以外の多数の非公式スタッフが存在し、彼らは多岐にわ
たる大臣の職務を補佐する重要な役割を担っている。サンジャン運輸大臣と強い
友情で結ばれた秘書官ジルのポストは、副大臣に類するとされる大臣キャビネ長
である。

　その他、作中では、政策参謀業務、省庁間調整、大臣の日々の活動の管理、議
会対応、議員対応、メディア対応などに奔走するスタッフたちの姿が描かれてい
る。それらの職務はどれも大臣キャビネが実際に担っているものである。大臣
キャビネの構成員に任命される者の大半は省庁の現役官僚であるが、政党職員や
民間企業の社員から起用される者もいて、彼らのようにもともと公務員でない場
合は非正規の契約公務員として雇用される。このように大臣キャビネの構成員は
大臣によって直接任命される政治任用スタッフであるため、政権交代や内閣改造
により大臣が辞めれば（一部の者を除き）彼らの身分も失われる。その場合、任命
前から省庁の官僚であった者は大臣キャビネ以外の公務員組織に戻ることがほと
んどで、大臣キャビネでの経験を生かしてキャリアアップすることも少なくな
い。しかし、もともと公務員ではなかった者は失業することになるので不安定な
身分である。なお、日本では2014年に内閣人事局が創設され、内閣官房が幹部公
務員の人事を一元的に管理できるようになったことで、官邸による各省庁への直
接的な人事介入が行われるようになっているが、フランスの大臣キャビネ構成員
については個々の大臣の裁量で決めることが原則である。

政治家の責任とは何か

国鉄民営化という政府の方針をめぐる政権内の政治的駆け引きも本作の見どころの一つである。サンジャン運輸大臣もその側近ジルも国鉄の民営化に当初から反対しており、メディアの取材に対しても政府として民営化は考えていないと答える。しかし、ほぼ同時刻に放送された別の報道番組では、財務大臣が政府として民営化を検討していると答え、政権内の意思統一の欠如が露呈する。

現実の世界でも、多額の債務を抱える国有企業や公団の改革は長年にわたるフランスの政治的重要争点であり、公的セクターの民営化はこれまでに幾度となく検討され、世論の大きな反対にもかかわらず採用されたものもある。そのような国論を二分する政府の政策を実現するうえで内閣の一体性が重視される点はフランスも日本と変わらない。しかし、フランスでは特定の問題について政権の方針に反対する閣僚がメディア上で自らの意見を堂々と述べることもあり、方針の不一致を理由に閣僚が辞任することも珍しくない。

例えば、社会党のオランド大統領（2012-17年）によって司法大臣に任命され、同性婚の法制化にも尽力したクリスティアーヌ・トビラは、テロ対策の一環として大統領の主導によって提案された憲法改正案に反対して法相を辞任した。この憲法改正案は、テロ行為の罪で有罪判決を受けた重国籍者のフランス国籍を剥奪することを可能にする規定を含んでいたため、市民間の差別と分断を助長するものである、と彼女は当初から批判していた。辞任後彼女は、「（政府に）とどまることが抵抗になることもあるが、去ることが抵抗になることもある」とツイッター上で述べて話題となった。彼女の辞任が直接の原因ではないが、この憲法改正案は可決に必要な上下両院の支持が得られないことが明白になった後、政権自ら撤回することになる。

作中では、サンジャン運輸大臣はジルの助言もあって、苦渋の選択ながら職を辞することなく政府の方針である国鉄民営化を受け入れることを選択し、運輸大臣としてその陣頭指揮を執ることを決断する（が、さらなる展開がある）。バス事故への対応など全体的には実直で誠実な人物として描かれている主人公も、権力の魅力には勝てないということか。もちろん、政治家としての成功や権力と引き換えに彼が失うものもちゃんと描かれている。

（徳永貴志）

3 南アフリカの例から一票を投じる意味を考える

『マンデラ　自由への長い道』（Mandela:Long Walk to Freedom）ジャスティン・チャドウィック監督、2013年［アメリカ・イギリス・南アフリカ］

自由獲得のために死を覚悟した訴え　日本国憲法にはこんな条文がある。この憲法が日本国民に保障する基本的人権が「人類の多年にわたる努力の成果」であり、「過去幾多の試練に堪え」てきたというものである（97条）。この条文は、我々が当たり前と思っている自由が実は歴史的には当たり前のものではなくて、数多くの犠牲の下に勝ち取られ、何とか持続されてきたものであることを教えてくれる。このことをふまえた上で以下のこのセリフを読んでほしいと思う。

　「私はネルソン・マンデラ、被告人第一号です。私が破壊活動を計画したことは否定しません。しかし、無謀さゆえにそのようなことをしたのではありません。もちろん、暴力を好むからでもありません。残念ながら、50年に及ぶ非暴力主義により、我々アフリカ民衆は抑圧的な法律を次々に押しつけられてきました。そして、権利を奪われていったのです。我々アフリカ人もこの南アフリカの一員として認めてもらいたい。我々は平等な政治的権利がある。一人一票が欲しいのです。私はアフリカの民衆の闘争に身を捧げてきました。白人支配に対して必死で闘い、黒人支配に対しても必死で闘った。私が理想として掲げるのは自由で民主主義的な社会です。皆が平等な機会を持ち、共に調和して生きていく社会。その理想社会を実現するため、私はこれからも生きていきたい。だがもし必要なら、その理想のために私は喜んで死ぬ覚悟はできています。」

　この陳述は、映画中盤の重要なシーンで、1964年6月の南アフリカの高等裁判所にて、自由を求める黒人民衆のために死刑を覚悟して発言した、ANC（アフリカ人民族会議）所属のネルソン・マンデラによるものである（実際の和訳文は浦野起央編『資料体系アジア・アフリカ国際関係政治社会史第四巻アフリカⅡ』〔パピルス出版、1981年〕で読める）。彼は1990年代初頭に民主化への道程を歩み出した南アフリカ共和国初の黒人大統領であるが、この陳述時は無許可で国外に出たことや民衆にストライキを呼びかけたことから5年の刑に服している既決囚であった（マンデラやANCの主要メンバーはこの陳述後、絶海の孤島に浮かぶ刑事収容施設のあるロベン

島に送られ、30年近くにわたる監獄生活を経験することになる（ここの部分は映画『マンデラの名もなき看守』〔2007年〕でもかなり扱われている））。

1993年以前の南アフリカ　1993年以前までの南アは少数派の白人（約500万人）が白人以外の人種（黒人〔約2500万人〕、カラード、インド人など）を差別支配するアパルトヘイト国家であった。とくに1948年にナチス支持者が多い白人純潔主義を好む国民党政権誕生以後、アパルトヘイト（人種隔離政策）関連の法が次々と作られた（300以上もあり一括して「アパルトヘイト法」という）。主要例として、「人口登録法（南アの全ての人を4つの人種グループに分類する法）」、「雑婚法（白人と他人種の婚姻を犯罪とする法）」、「背徳法（白人と白人以外との間での性的行為を犯罪とする法）」、「集団地域法（南アの人種毎に居住できる地域を指定する法。有用な土地は白人が占拠）」、「バンツー教育法（黒人と白人を分離し異なる教育を行う法。黒人は職業訓練が中心）」、「パス法（白人地区に滞在するために黒人がパスポートを携行することを強制する法で携行していない場合厳格な処罰）」、「投票者分離代表法（非白人の参政権を剥奪）」、「隔離施設留保法（あらゆる公的な場所を白人専用とそれ以外に区分）」、黒人のデモや抗議行動などの反政府活動を規制する「共産主義弾圧法」や「破壊活動防止法」などがある。

ＡＮＣとは　これに対してANCが1912年創設された理由は黒人の権利を制限する当時の法（例えば、黒人の指定居住地を全土の7.3％とする「原住民土地法」）から黒人を守るためであった。当初は要求や決議を政府に提出したり、代表を政府に送るなど合憲的な闘争を行っていた。しかし、1949年以降、より苛酷なアパルトヘイト法に対抗するために平和的であるが非合法のデモ（非暴力不服従闘争）を開始し、数多くの者がアパルトヘイト諸法を犯して闘ったため投獄されていった。ANCに三度目の転機が訪れるのは、昔であれば追い掛け回されたり、警棒で叩かれる程度であったが、民衆を威嚇するために機関銃、装甲車や軍用車輌が導入され兵隊を大量に市街に送り込むなど弾圧の苛酷さが増し、彼らの活動自体が非合法化とされた時である。その時期には、1960年にはシャープビルの虐殺（パス法に反対した黒人らに警察が銃を向け発砲、69人死亡）も生じていた（ちなみに、後年の1976年ソウェト蜂起はより過激化している（アフリカーンス語〔白人言語の一つ〕教育強制に反対した生徒などを約600人以上殺した事件））。このような結果を受けて、マンデラは先述の裁判で以下のようにも陳述

している（前掲・浦野、613頁）。

　「1961年6月初めに、南アフリカの状態についての、長い、慎重な判断の後、私と一部の同僚は、暴力がこの国で不可避となり、われわれの平和的要求に政府が暴力で応えている時、アフリカ人の指導者が平和と非暴力を説き続けることは、非現実的であり、誤りである、という結論に達した。この結論は、容易に出たのではない。他のあらゆることに失敗し、平和的な抗議のあらゆる水路がわれわれに閉ざされてはじめて、暴力的な政治闘争形態を取り入れ、ウムコント・ウェ・シズウェ（ANCの武力闘争組織）を作るという決定が行なわれたのである。そのような方向をわれわれが欲したためではなく、政府がそれ以外の選択をわれわれに残さなかったというだけの理由で、そうしたのである。」

　この点、マンデラは暴力の形態についても①破壊活動、②ゲリラ戦、③テロ活動、④革命が可能であったが、直接人間に被害が出るものではなく、政府の建物や（南アが外国資本に依存しているため）外国企業施設などへの破壊活動を選択しそれを追求していったという陳述もしている。実は、ANCが行なった様々な抵抗手法は、憲法の世界では「抵抗権」と呼ばれるものであり（手法の容認程度は意見が分かれる）、「国家権力が人間の尊厳を侵す重大な不法を行った場合に、国民が自らの権利・自由を守り人間の尊厳を確保するため、他に合法的な救済手段が不可能となったとき、実定法上の義務を拒否する抵抗行為」のことを一般的に指す（芦部信喜〔高橋和之補訂〕『憲法〔第七版〕』〔岩波書店、2019年〕387頁）。この抵抗権の考え方は古くからあり、フランス人権宣言（1789年）やアメリカ独立宣言（1776年）、日本の自由民権運動期に作成された植木枝盛の私擬憲法『東洋大日本國々憲案』（1881年）にもその考え方を見出すことができる。

このような事例は日本には関係ない！　このような話をすると、必ず聞くのは「日本に生まれて良かった」とか「このような事例は日本には関係ない」という発言である。でもこれは本当だろうか？　例えば、民主主義の大切さを訴えた自由民権運動家たちに対する政府による徹底的弾圧が過去にあった。そして、非戦、自由や平等を訴えた人々（例えば、和歌山県新宮の大石誠之助や高木顕明など）が天皇暗殺に関する罪（大逆罪）をでっちあげられ、26人が有罪となった俗にいう「大逆事件」もある（その内、24名に死刑判決）。マンデラたちが経験したようなことが日本でも起きているのだ。また、1889年、選挙権獲得後も以下の

ような事例があった（前田英昭「日本の選挙干渉雑記（その一）」法学論集50〔1995年〕464頁）。

　「いよいよ二月十五日の投票の日には、巡査の指揮せる悪漢隊は民党の選挙人を途中に要撃して投票所に赴くを得ざらしめ、投票所の入口には張り番していて、民党候補に投票しそうな選挙人には武器を振り回して追い散らす。かくして急造の吏党議員ができて、我々は落選と決まったのである。」

　これは、1892年2月15日の第二回衆議院議員選挙の投票日の様子であるが、日本政府による大胆な選挙干渉が直接的に行われた話である（死傷者もかなり出ている）。投票に行くこと自体が命がけだったという現代の読者には想像だにできないことかもしれないが、この文章は政府側に狙われたという武富時敏のものである。ちなみに、"民党"とは「自由党や立憲改進党など民権派の立場にある各党の総称」であり、"吏党"とは「政府寄りの姿勢を示す政党」を意味する。

　ほんの一握りの例をあげたが、自国の負の過去や他の地域で起きた現実から何も学ばなければ「負の歴史は繰り返す」可能性があるのである。

一票を投じる際に　ところで、マンデラは白人を赦し多様な人々が共生する「虹の国」を建設しようとした（映画ではそれに反対する黒人国家建設の動きも描かれている）。それでは、この理想を日本で実現するためにどう投票したらよいか？　日本のニュース番組の中には「広報を読んで自分の気に入った候補者に投票しましょう」という発言もあるが、それだけでよいのか。また、「今回選ばれた議員がダメだったら次の選挙で落とせばいいや」という意見もあるが本当にそれでよいのだろうか。1948年当時の南ア白人も当時の与党を軽くこらしめるつもりで他の政党（国民党）に投票した者が多くいた結果、この映画のような方向に進んでしまったのである。一票の投じ方についても、この映画を通じて考えてみてほしいと思う。

（榎澤幸広）

4　国民主権と市民的公共圏

——差異と偏見を超えた連帯の可能性

┃『パレードへようこそ』（Pride）マシュー・ウォーチャス監督、2014年
┃［イギリス］

国民主権と民意

日本国憲法の三大原理の一つが国民主権であることは、説明するまでもないであろう。憲法の教科書を読むと、国民主権とは、「国の政治のあり方を最終的に決定する権威・権力」が国民に属していることを意味するとの説明がある。しかし、「民意が国政に届いていない」との不満をよく耳にする。その現れなのか、最近の国政選挙の投票率は著しく低い（2017年衆議院議員総選挙53.7%、2019年参議院議員通常選挙48.8%）。

「民意が国政に届かない」現状を放置しておいてよいはずはないが、選挙に行ったからといって、状況が改善するようにも思えない。政府・与党に不満はあるけれど、野党も頼りないし。主権者としての責任といわれても、自分一人で何かできるというのか。あなたが、私と同じく、このような悩みを抱えているのであれば、ぜひみてもらいたいのが、この映画である。

『パレードへようこそ』発売中／©PATHE PRODUCTIONS LIMITED. BRITISH BROADCASTING CORPORATION AND THE BRITISH FILM INSTITUTE 2014. ALL RIGHTS RESERVED.／発売・販売元：KADOKAWA／価格：3,800円（税抜）

LGBT団体の炭鉱スト支援

サッチャー政権と炭鉱労働組合が激突した「炭鉱スト」（1984-85年）は、イギリス現代政治の画期として評価されており、この事件を背景にしたイギリス映画の傑作が多数存在する（『リトル・ダンサー（Bill Elliot）』〔2000年〕、『ブラス！（Brassed Off）』〔1996年〕）。『パレードへようこそ』が取り上げたのは、炭鉱スト支援のための募金活動を始めた同性愛者団体（Lesbians and Gays Support the Miners 略称LGSM）がその活動の中で炭鉱労働者との連帯を深め、スト支援への返礼として多数の炭鉱労働組合員が各地からバスで同性愛者の権利を訴えるフェスティバル

「ロンドン・プライド（Pride in London）」（1985年6月）に駆け付け、同性愛者と一緒にパレードをした事件である。

　この「連帯」の成果として、労働党が同性愛者（以下では、Lesbian や Gay だけではなく、Bisexual や Transgender を含めて、「LGBT」という）の権利保障の方向へと動き、同性婚の法的承認を含めて LGBT の権利保障が少しずつ実現していくことになった。たとえば、同性愛行為自体は処罰されなくなっても、異性愛者間の性的同意年齢は16歳なのに、同性愛者間の場合は21歳であり、それまでは合意があっても処罰されるという露骨な差別が解消されたのは、2000年のことである（Sexual Offences Act 2000）。映画の中で、保守的な中産階級の家庭で育ちながら、LGSM の活動に参加する中で成長していく若者（ブロムリー＝架空の人物）の21歳の誕生日に仲間が贈ったプレゼントが、「今日から合法」と書かれたバッジであったのは、当時の時代状況をユーモラスに描いたものである。

炭鉱ストを支援する理由　映画の冒頭、LGSM の中心人物マーク・アシュトン（実在人物）はテレビで、警察に暴力をふるわれる炭鉱労働者の姿と「弱腰ではダメ」と語る強いリーダー（サッチャー首相）の姿をみて、「炭鉱スト支援のための募金活動」を思いつく。「炭鉱夫も俺たちも、サッチャーと警察官に虐められているのは同じだ」。しかし、仲間たちは消極的だ。彼らの多くは労働者（とくにマッチョな炭鉱夫）から差別をされたり、暴力をふるわれた経験があるからだ。マークと数名の仲間が街頭募金でお金を集めても、受け取ってくれる炭鉱労働組合がない。LGBT 団体であることを名乗ると、寄付を断られてしまうからだ。

　唯一、寄付を受け入れてくれたのが、南ウェールズの小さな村（オルウイン）の炭鉱労働組合だった。ストライキ委員会の幹部ダイ・ドノヴァン（実在人物）がお礼のため、ロンドンを訪れる。LGSM が LGBT 団体であることを知らずに寄付を受け入れたことが明らかになるが（ダイは「LGSM の L は London の頭文字だと思った」と話す）、ロンドンのゲイ・バーに招待されたダイはこう謝辞を述べる。「皆さんが下さったのはお金ではなく、友情です。はるかに強大な敵と闘っているとき、見知らぬ誰かが自分たちを応援してくれるということほど勇気を与えてくれるものはありません」。平凡な容姿のダイを冷たい視線でみていた客たちは拍手喝采を送る。このシーンは映画のクライマックスの一つである。

多くの寄付をした LGSM のメンバーがオルウィンに招待され、当初は彼らを嫌悪していた炭鉱の人々の多くが彼らの人柄に触れて偏見を解消していく。しかし、一部の村民はそのことを好ましく思っておらず、LGBT 差別をしているタブロイド紙にこの情報をリークしたため、オルウィンの炭鉱夫は警察官から笑い者にされ、上部労働組合も問題視をして、LGSM は排除される（ただし、炭鉱夫側の敵意はフィクションのようで、実際は当初から打ち解けたようである）。

　エンディングは史実のとおり、炭鉱ストに敗れ去って職場復帰した炭鉱労働組合員がロンドン・プライドに駆け付けるのであるが、感動的なエンディングはぜひ、映画でみてほしい。個人的には、エンディングに流れる曲が、炭鉱ストを支援し、現在も熱心に人権活動を続けるビリー・ブラッグの "There is Power in a Union" であることが本当に嬉しかった。なお、感動的な場面ばかり紹介してきたが、この映画は上質なコメディであり、腹の底から笑えるシーンも満載である。

市 民 的 公 共 圏　マークの言葉を額面通りに受け取って、「LGBT 団体と炭鉱労働組合の連帯は『弱者の連合』だ」と簡単に割り切ってはいけない。ダイの言葉を思い出そう。彼らはそれぞれの場所で、自分たちの生活と尊厳のために闘っている。共通の敵（サッチャーと警察官）と闘うために彼らは連帯するわけだが、この映画から感じ取ってほしいのは、闘いの中で彼らがお互いの偏見を改め、相互の差異を尊重しながら、連帯を深めていく姿である。

　憲法の基本原理として国民主権を採用し、民主的な選挙を定期的に実施しているにもかかわらず、国民が「国政に民意が反映されない」と不満をもつのは、日本に固有の問題ではない。国民の間の利害・価値観が多元化したこんにち、選挙や国民投票（ましてや世論調査）によって「民意が示された」と考えるのは、ナイーブにすぎよう。このような時代状況を背景として、社会科学や哲学の分野で注目されるようになったのが、ドイツの社会哲学者ユルゲン・ハーバーマス等によって提唱された「市民的公共圏」というコンセプトである。日本の憲法学においても、毛利透『民主政の規範理論』（勁草書房、2002年）や本秀紀『政治的公共圏の憲法理論』（日本評論社、2012年）など、ハーバーマス理論を意識しつつ、日本国憲法における民主主義の可能性と課題を問う優れた研究がある。

　国民主権を、国家権力の行使を正統化する権威として、あるいは、選挙や国民投票の場面で政治的意思を示す権力としてのみ捉えると、「民意」はすべて国家

の制度（国会や政府）と一体化してしまう。しかし、国家制度と一体化してしまう「民意」から距離を置き、ときには対抗しつつ、市民社会のレベルで私たち自身が批判的な政治的討議を続けることで、「民意」と国家制度の一体化に「歯止め」をかける必要があるのではないか。市民的公共圏の理論が注目するのは、国家制度と一体化しない「民意」が国政に与えるインパクトと（市民の間で行われる非権力的なコミュニケーションの政治的力）、そのような「民意」の形成を可能にするため、市民社会の側に必要な政治文化や制度のあり方である。

　サッチャーは選挙での勝利を背景として「民意」を掲げ、労働組合を破壊しようとした。彼女が総力をあげて炭鉱ストをつぶしたのは、労働組合全体への敵意からであった。一方、LGSM は LGBT 団体が炭鉱労働組合と連帯すべき理由を示すことで、そして、炭鉱労働組合員はロンドン・プライドで LGBT への連帯を示すことで、国家制度と一体化した「民意」とは異なる「民意」が存在することを、感動的なかたちで提示したといえよう。マークが思いついた炭鉱スト支援の理由は、市民的公共圏を作り出そうという決意でもあったのだ。

　　　　　　　　　　　　この映画の原題は「Pride」である。もちろん、ロンド
　パレードへようこそ！　ン・プライドにかけたのだろうし、登場人物のそれぞれ
が連帯と闘いの中で、それぞれのプライドを獲得していくことを表してもいるのだろう。とはいえ、イギリス映画の邦題の付け方に常々、不満をもっている私としては異例のことだが、この映画については、邦題のほうがずっと素晴らしいと思う。

　家庭環境のため LGBT であることを隠してきたブロムリーが初めて、LGBT のパレードを覗きにいくと、マークたちはごくごく自然に彼を受け入れる。「パレードへようこそ」。ストに敗北したオルウィンの炭鉱夫は連帯の旗を掲げ、パレードをして職場復帰する。ロンドンから駆け付けたブロムリーの姿を路上にみつけたストライキ委員長は嬉しそうに声をかけ、小さくガッツポーズ。LGBT に偏見を持っていた炭鉱夫の一人が駆け寄って彼を抱きしめる。「パレードへようこそ」。

　そして、エンディング。「政治の季節は終わった」と考えるロンドン・プライドの主催者は、LGSM が政治的プラカードを掲げるのであれば、パレードの最後尾を歩けという。不満たらたらのメンバーだが、炭鉱労働組合のバスが続々とハイド・パークに到着して……。感動的なエンディングはぜひ、映画で鑑賞してほしい。きっとあなたも、こういいたくなるはずだ。「パレードへようこそ！」。（愛敬浩二）

5 多文化社会の現実と希望

——無漂白のフランスを垣間みる

『**最強のふたり**』（Intouchables）エリック・トレダノ／オリヴィエ・ナカシュ監督、日本公開2012年［フランス］

本 当 に あ っ た
奇 跡 の 友 情今や世界的俳優となったフランスのお笑い芸人出身オマール・シの出世作。本作『最強のふたり』は、フランス映画史上第3位の興行成績を記録し、テレビの人気芸人だったオマールは世界レベルの人気者となった。

　主人公は、上流階級の出身で大金持ちだがパラセイリングの事故で四肢が麻痺した白人の障害者のフィリップと黒人で郊外の貧しい地区出身のドリス。住み込みの介助者の採用面接を行っているフィリップのところに、宝石強盗で服役し刑期を終えたばかりのドリスがやってきた。ドリスの目的は失業手当受給のアリバイ作りで、就職する気はさらさらないのだが、なぜか採用される。家族に団地を

『最強のふたり』／2019年2月
2日リリース／ブルーレイ:
¥2,000（税抜）／DVD:1,143
（税抜）／発売・販売元:ギャ
ガ／(C)2011 SPLENDIDO/
GAUMONT/TF1 FILMS
PRODUCTION/TEN
FILMS/CHAOCORP

追い出されたドリスは、こうしてフィリップの豪華な邸宅の一角での生活を始めることになる。何の共通点もない2人。しかし上流階級の取り巻きに退屈しているフィリップは、障害への気遣いを一切せず差別的な冗談をふりまくドリスの存在をなぜか居心地よく感じて心を許し、他方のドリスも労働を通じて社会性を身に付けていく。2つの対極の世界が出会い、化学変化を起こしてそのパワーが倍増する。鉄板のバディ（相棒）ものである。

　ドリスは、フランスで「ラカイユ」（Racaille）と呼ばれる類型の若者だろう。ラカイユとは社会の底辺に位置する「ならず者」の意味で、立ち位置としては日本での「ヤンキー」や「アウトロー」にあたるだろうか。この階層は、大都市郊外に位置する低所得者向けの「団地」を根城に、麻薬密売などをシノギとして外部の者が容易

には立ち入れないような独自の支配圏を築いていることもある。

　本作中にもドリスの家族がこうしたネットワークに組み込まれていることが示され、フランスの大都市圏の社会的現実が垣間みられる。団地住民の人種構成、団地の雰囲気、家族構成、就いている職業などだ。これとフィリップの娘や取り巻きとを比べると、フランスが人種と出身階層によって分断された社会であることが分かるだろう。

　フィリップが象徴するのは、裕福で洗練されてはいるが自分では身動きが取れなくってしまったフランスという古い国で、そしてドリスが体現するのは移民出身の若者の新しいパワー。映画ではこれら２つが結びついてハッピーエンドへと向かう。上流階級の富豪と下層の元強盗の友情などフィクションの中だけの話、と思ったら大間違い。この映画は実話に基づいているのである。奇跡の友情は「事実」なのである。

「ホワイトウォッシュ」とは？　一言でいえば本作は、「ホワイトウォッシュ」されていないフランスを気楽に楽しむことのできる娯楽作品である。映画界での「ホワイトウォッシュ」とは、原作で非白人に設定されている役柄に白人を配役することを指している。アジア人設定である草薙素子を白人のスカーレット・ヨハンセンに演じさせたハリウッド版『攻殻機動隊』（『ゴースト・イン・ザ・シェル』〔2017年〕）が、最近では批判を浴びた。テニスの大坂なおみ選手の肌を実際よりも白くみせようとした日本企業のCMも批判されたから、映画だけではなく、広く多数の人に向けられた表現行為に当てはまる概念といえるだろう。ホワイトウォッシュの何が問題かというと、それには、「肌は白い方が美しい」、「白い人を起用した方が商品や作品が売れる」という価値観が反映されているとともに、現実の多様性を覆い隠し、非白人の活躍を妨げる効果があるからだろう。

　かつてフランスの俳優といえば、アラン・ドロンやカトリーヌ・ドヌーブのような金髪の白人俳優をイメージした人が多いはずだ。これに対し、オマールはセネガル人労働者の父とモーリタニア人の掃除婦の母から生まれたアフリカ系フランス人である。しかしハリウッドからのオファーが切れないオマールは、間違いなく今のフランスを代表する俳優の一人だ。彼は本作で仏版アカデミー賞に当たるセザール賞の最優秀男優賞を受賞したが、これはアフリカ系としては初めての

ことだったようだ。

　ちなみに日本人にとって、フランスほどホワイトウォッシュされている国はないのではないだろうか。とくに首都のパリでは多様な人種や民族の人々が暮らしているが、日本の主流なメディアにおいては無視されがちだ。在仏の大手日系メディアは、街頭インタビューで「黒人には声をかけない」方針をとっていることもある。非ヨーロッパ系フランス人が日本の主流メディアに登場するのは、イスラム過激派によるテロ、郊外の暴動などネガティブな話題か、スポーツ界のスーパースター達の活躍という両極端の文脈だ。アラブ系やブラックアフリカ系がフランス人一般の代表として日本で扱われることはまずない。

植民地主義の影響

大ヒット作となった本作だが、厳しい批判も国内外から寄せられている。フランス国内の批判で多いのは、この映画が社会の厳しい現実や階級対立を描かず、富める者と貧しい者のご都合主義的な馴れ合いをみせていること。そして最もセンシティブな批判は、よりポリティカル・コレクトネスに厳しいアメリカからのものだ。あるアメリカ雑誌の批評は、「アメリカのスクリーンからは消えたアンクル・トム並の人種差別」と本作を酷評している。

　確かにドリスは、あらゆる黒人のクリシェにまみれて描かれている。粗野で性的に旺盛、高尚な芸術には縁がないが、体格が良く力持ちで、明るく、剽軽で人を楽しませる才能がある、と。これらはすべて黒人によくあてがわれるステレオタイプである。ステレオタイプとは特定の集団に対する非常に一般化され広く普及したイメージのことだ。否定的なステレオタイプもあれば、肯定的なものもあり、統計的に事実である場合もあれば、虚偽の場合もある。その使用には極度の注意を要する。本作の多くのギャグはこうしたステレオタイプを利用した笑いである。

　フランスのエンタメにおける黒人は「オモシロ枠」で登場する。そしてこれは、「面白いならいいではないか」ですむ話ではない。フランスの植民地だった西インド諸島マルチニーク出身の精神科医でアルジェリア独立運動に深く関わったフランツ・ファノンはその著書『黒い皮膚、白い仮面』（1952年）の中で、「黒人」と「白人」の関係を対象に、精神分析学などを使って、黒人の劣等意識が植民地主義や奴隷制の歴史によって形成されていることを示した。黒人は、ある時には片言のフランス語を話す粗野な滑稽者として、またある時にはその「肉体

性」と「性的官能性」を強調されセックスと身体に還元された存在として文化的表象の中に登場する。こうした背景を考えるとき、本作に描かれた黒人像は、実際のところ白人による植民地化と差別の歴史の表れとしかみえず、愉快な気分は消え失せるのである。

19世紀末、もっと黒人が露骨に差別されていたことが分かる作品として、同じオマール・シ主演の『ショコラ　君がいて僕がいる』（2017年）がある。黒人が「オモシロ枠」だということの意味がよく分かる映画だ。楽しげに装飾されているからといって無害というわけではないのだ。

とはいえ、『最強のふたり』は対極的なバックグラウンドをもつ2人の男の「バディ」ものであり、メッセージは差別的なものではない。退屈で「ひ弱」な白人富裕層に対する揶揄も辛辣である。この揶揄も非常にステレオタイプ的で陳腐だが、少なくとも映画にアフリカ系を貶める意図がないのは分かるだろう。

憲法解釈に先立つ重要な視点　この映画は日本国憲法の特定の条文に直接かかわるものではないかもしれない。しかし個々の憲法解釈について影響を与える論点を含んでいる。社会の多様性と差別、さらに踏み込んで近代国家の負の側面に考えをめぐらせるきっかけになるはずだ。

もし正反対のバックグラウンドをもつ人間の間に成り立つ友情にあなたが心を動かされたならば、それは多様性をもつ社会にあなたが希望をもっているということだろう。この映画が世界的にヒットしたのは、そうした憧れが人々の間にあることをよく示しているのだ。

しかしながら手放しで感動してばかりもいられない。実のところフランスの自国の植民地主義への向き合い方はあいまいである。過去の植民地化について政治家が否定的なことをいおうものなら、必ず猛反発が起きる。非白人が警察の暴力によって死亡したことが疑われる事件も複数発生しており、仏版BLM運動も起きている。

では日本はどうか。過去の歴史を踏まえて、自国内のマイノリティと向き合っているだろうか。こうした法以前の個人的姿勢は、平等から平和主義、そして表現の自由から国籍までその人の日本国憲法の解釈に強い影響を与えるはずである。

（齊藤笑美子）

6 ポスト1945の国際社会

――新たな概念としての「人道に対する罪」と加害者責任

> 『ニュールンベルグ裁判』（Judgement at Nuremberg）スタンリー・クレイマー監督、1961年［アメリカ］

ニュルンベルク裁判とは　連合国4カ国（アメリカ、イギリス、ソ連、フランス）の占領統治下にあったドイツのニュルンベルグ（アメリカの統治地区）で、ナチスの戦争責任を問うための裁判が行われた。一つは、日本でも「極東国際軍事裁判」（東京裁判、1946-48年）とともにその名が比較的知られている「ニュルンベルグ国際軍事裁判」（1945-46年）である。もう一つは、日本ではそれほどなじみがない「ニュルンベルグ継続裁判」（1946-49年）である。両者を指して「ニュルンベルグ裁判」と呼ぶ。なお、ニュルンベルグは、1933年に政権を掌握したナチスが同年から1938年にいたるまで党大会を開催した街であり、また1935年9月に〈劣等民族〉と位置づけられたユダヤ人の政治的権利のはく奪、ユダヤ人との婚姻または性的関係をもつことの禁止、ハーケンクロイツの国旗化を法制化する諸法（ニュルンベルグ法）が制定された街でもある。いうなれば、ナチス支配を象徴する街であった。

　ニュルンベルグ国際軍事裁判は、「ヨーロッパ枢軸国の主要な戦争犯罪人を訴追し、処罰するための協定」およびその付属書「国際軍事裁判所憲章」に基づいて開かれ、判事は上記の4カ国出身者から構成されていた。24人の訴追（自殺や病気による免訴で最終的には22人）がなされ、うち19人が有罪判決を受けた。

　ニュルンベルグ継続裁判は、駐留中のアメリカ軍が前者の訴追対象とならなかった者を対象に行った特別軍事裁判（1号から12号までの裁判にわかれる）である。軍人、医師、司法関係者、政府高官等の185人が訴追され、うち142人が有罪となった。

問われる戦争責任と回避の論理　本稿で紹介する映画『ニュールンベルグ裁判』（本稿では映画の邦題以外はニュルンベルグと表記する）は、ニュルンベルグ継続裁判をモデルにした長編の法廷ドラマ（フィクション）である。映画

は、元メイン州判事のヘイウッド裁判長がニュルンベルグに到着したところから
はじまる。滞在予定の屋敷に向かうヘイウッドの目には、ドイツの敗戦から2年
が経過したというのに、戦火で破壊されたままの街並みが入る。

　ヘイウッド率いる裁判で被告人席に座っているのは、いずれもナチス時代に判
事を務めていた4人の男性である。判事としてナチス支配体制に与し、極めて差
別的な優生思想に基づく「断種法」の下での強制断種手術を認めたこと、および
人種・民族主義に基づくユダヤ人迫害に加担したことの罪が問われている。

　4人の被告人のうち1人を除く全員が、自分は法に基づく正当な行為をしたに
すぎず、罪に問われることはないとして無罪を主張。残りの1人が沈黙するなか
で、ドイツ人の若き弁護士ロルフが巧みな弁論と情緒的訴えを織り交ぜながら、
被告人を弁護していく。その無言の被告人とは、ストーリーの設定上、ヴァイ
マール憲法（世界で初めて社会権を盛り込んだ憲法。民主的な憲法であったが、ナチス
の台頭を可能とする脆弱性も持ち合わせていた）の起草者の一人であり、ナチス・ド
イツの法務大臣を務めていたヤニングであった。

　公判が終盤にさしかかる頃、アメリカ軍大佐のローソン検事が被告人の犯罪を
立証する証拠として、ナチス・ドイツの強制収容所等で撮影された映像を上映す
る。収容所に送り込まれた人々が、ガス室での虐殺を含む残酷な扱いを受けたこ
とを明々白々に示す映像を目にしたロルフは激怒し、怒りを抑えきれない様子で
問う。「全ドイツ人に責任があるというのですか？」「見逃した責任ですか？」
と。続けて、彼は少数の戦争犯罪人だけがこれらの残虐な行為を知っていたが、
被告人を含む大多数のドイツ人は知らなかったと主張する。

　戦争責任にかかるこうした主張はドイツに限らず、日本を含む多くの地で頻繁
に聞かされてきたものである。残虐行為は一部の過激な暴走者により国民の目が
届かないところで行われ、多くの国民は知らなかった以上、戦争責任を負わされ
ることはないという論理である。仮に一部の公権力の暴走であったとしても、そ
こにはこうした行為を生みだす構造があり、多くの国民はその形成過程に黙認・
沈黙を含む何らかの形でかかわっている。構造を支える人々やそれを黙って受け
入れる人々が存在するがゆえに、残虐な行為が正当化されてきたのである。

　さて話を法廷シーンに戻そう。検察側の証人として出廷した女性（ユダヤ人男
性と性的な関係をもったと疑われ、ヤニングが判事を務めた裁判で有罪となった経験をも

つ。男性は死刑）に対し、ロルフが詰問調で執拗に尋問。その姿はまるでナチス・ドイツ時代の裁判を彷彿させるものであった。そのとき、それまで裁判を静視していたヤニングが突如として立ち上がり、ロルフを諌める。ヘイウッドから発言を認められたヤニングは、ナチス・ドイツの戦争責任に加担した法務省、そしてナチス・ドイツの本当の姿を知りながらも、同調してしまった自らの加害者責任をはっきりと告白する。ここが本作の最大の見どころである。

ニュルンベルク裁判以後の国際法 ニュルンベルグ裁判で個人の戦争責任として問われた罪は、国際軍事裁判所憲章6条が規定する①平和に対する罪、②戦争犯罪、③人道に対する罪、および④それらの犯罪への共同謀議罪の4つであった。同条の定義によれば、平和に対する罪とは主に、侵略戦争や国際条約等に違反する戦争の計画や準備、開始、遂行を意味する。戦争犯罪とは、戦争の法規や慣例への違反である。また、人道に対する罪とは、民間人に対して行われた殺害、絶滅、奴隷化、追放および他の非人道的な行為、または政治的、人種的もしくは宗教的な理由による迫害を指す。人道に対する罪は、ニュルンベルグ裁判および極東国際軍事裁判において初めて導入された概念である。これにより、戦時における国家主導の民間人に対する大規模な人権侵害が犯罪化される道筋がつくられた。

　ニュルンベルグ裁判にせよ、極東国際軍事裁判にせよ、戦勝国が敗戦国を裁く構造をとっていたことから、現在までその不公平さを問う声が聞こえる。また、事後につくられた国際軍事裁判所憲章に基づくことから、罪刑法定主義に反するとの批判もある。確かにこうした側面があることは否定できない。しかし、両裁判をきっかけにその後の国際人道法のめざましい発展がなされてきたことに鑑みれば、これらの批判よりもむしろ、戦争や武力行使（宣戦布告といった正規の戦争手続をとっていない事実上の戦争のこと）、紛争等での民間人に対する人権侵害を認めないとする、国際的な枠組みを形成することに寄与した点が高く評価されるべきであろう。

　国際人道法への寄与を具体的に示すと、例えば、①1950年に国連国際法委員会が作成した「ニュルンベルグ諸原則」のなかに、平和に対する罪、戦争犯罪、人道に対する罪が処罰対象となる国際法上の犯罪として盛り込まれたこと（第6原則）、②1949年のジュネーブ諸条約（とくに戦時の文民の保護を規定するジュネーブ第

４条約が重要である）の採択、③1968年の「戦争犯罪及び人道に対する罪への時効不適用に関する条約」の採択等をあげることができよう。

　第二次世界大戦以後は世界各地でさまざまな民族紛争が起き、そのなかで民間人に対する虐殺や拷問、性暴力等の残虐な行為が行われてきた。その加害者を裁くために、例えば1993年に旧ユーゴスラビア国際刑事裁判所（国連安保理決議第827号）が、また1994年にはルワンダ国際刑事裁判所（同第955号）が設置され、人道に対する罪が裁かれた。こうした動きを経て1998年採択の「国際刑事裁判所に関するローマ規程」（2002年７月発効）に基づき、個人の①ジェノサイド罪、②人道に対する罪、③戦争犯罪、④侵略罪を裁くための常設の裁判所「国際刑事裁判所」がハーグに設置された。

　ここではローマ規程上の人道に対する罪の一形態として、社会に根強く残るジェンダー規範（とりわけ戦時下で顕著にあらわれる）ゆえに女性が主な被害者となる強かん、性奴隷、強制売春等の性暴力が含まれたこと（第７条第１項ｇ号）を指摘しておきたい。大日本帝国の帝国主義・植民地主義に基づく民族差別とジェンダー差別が生みだした日本軍性奴隷制度（いわゆる「従軍慰安婦」制度）のような女性の性奴隷化は、人道に対する罪に該当する重大な犯罪／人権侵害なのである。日本社会はこの点をしっかり認識する必要があるだろう。

日本国憲法上の国民の決意

　最後に日本国憲法と本作とのかかわりを一点に絞って述べる。憲法前文の冒頭では国民の決意として「政府の行為によつて再び戦争の惨禍が起ることのないやうにすること」が述べられている。そうであるからこそ第９条で戦争や武力行使等の放棄、戦力の不保持および交戦権の否認が規定されている。こうした国民の決意のなかには戦争をさせないだけでなく、ヤニングが告白したように戦争を遂行しようとする国家政策にけっして同調しないこと、また、そのような政策を行う政府を生まない努力をすることも含まれる。愛国心の名の下で好戦的な政策に従順に従うことを国民に強いた大日本帝国への反省は、時代を超えていまなお求められている。

（清末愛砂）

7 　全体主義への反省

『ハンナ・アーレント』（Hannah Arendt）マルガレーテ・フォン・トロッタ監督、2012年［ドイツ・フランス・ルクセンブルク］

『ハンナ・アーレント』と『エルサレムのアイヒマン』

映画『ハンナ・アーレント』は、ナチスの勃興を避けてドイツを出国し、フランスでの収容所生活を経てニューヨークに居を構えたユダヤ人思想家を扱った。主人公アーレントは、1951年にナチスを批判した『全体主義の起源』で名を上げ、大学で教鞭をとったが、1963年の『エルサレムのアイヒマン』と、その元となった雑誌連載で非難された。映画はその騒動を描いている。

　バッシングされた著作はアルゼンチンでイスラエルに拉致されエルサレムの法廷に立ったアドルフ・アイヒマンを扱った。ナチスの根幹政策だったユダヤ人絶滅に関与し、アウシュヴィッツに代表される絶滅収容所へ犠牲者を送る任務を主導した罪が問われたのである。その法廷を元にアーレントはナチの犯罪を論じた。

『ハンナ・アーレント』／ブルーレイ発売中／デジタル配信中／ブルーレイ：¥5,170（本体¥4,700）／発売元・販売元：ポニーキャニオン／(C)2012 Heimatfilm GmbH+Co KG, Amour Fou Luxembourg sarl,MACT Productions SA, Metro Communications ltd.

　扱われたのは大量虐殺、抵抗者への苛烈な拷問、被害者の弱みにつけ込む卑劣な犯罪、迫害への周囲の無関心などである。その一部を映画は、実際の法廷映像で伝えている。証言者が自身の体験を語りながら、その場で気絶してしまうほど過酷な事実が示されたのである。

　アーレントはまた、アイヒマンの犯罪に関連する次の事実も扱った。旧ナチ党員への戦後ドイツの寛大さ、ユダヤ人のナチ協力、イスラエル政府の政治的思惑などである。法廷だけでは明らかにできなかった事実に言及することで、全体主義の背景とエルサレム法廷の政治的偏向とを同時に論じたのである。

　その著作にドイツ、アメリカ、イスラエルらから非難が寄せられた。その中には古くからの友人もいた。映画

では家族同様のつき合いをしていたクルト・ブルーメンフェルトに「ユダヤへの愛」がないと非難されている。『ハンナ・アーレント』は不特定多数のバッシングだけでなく、近しい存在との軋轢も描写したのである。

個人の尊厳と同調圧力

ナチの勃興からそろそろ1世紀、アイヒマン騒動からでも半世紀を迎えようとする現在、それらを扱った映画に何が見出されるだろう。まず目を引くのは、主人公が非難に屈しなかったことである。映画を通して示されたのは自ら思考することに対する執着だった。それが自身の尊厳にかかわるものだったからである。

そうした執着はユダヤ人の経験と無関係ではない。ナチに象徴される暴力的迫害が本格化するはるか前から、ヨーロッパのユダヤ人は居場所を得るために反ユダヤ主義的主張の受け入れを迫られていた。そうすることで例外的に仲間として遇されたのである。ユダヤ人だったアーレントは、それを熟知していた。

本来の自分を否定するかのような主張に同意を迫る圧力は、政治や社会からのあからさまな迫害に限られていなかった。表面的には仲間であることを装いながら陰で裏切り、親しい関係性を通じて翻意を促す行為が散見された。直接の暴力ではなく、策謀や善意の勧誘のような形で干渉が繰り返され、空気を読んで同調せねば立場を失い、居場所を与えないような圧力が加えられたのである。

内容は異なるもののアーレントは、アイヒマン騒動で同種の圧力を受けた。結果、幾人かとの交友が失われた。映画はユダヤ思想家のハンス・ヨナスとの関係にそれを象徴させている。たとえ善意からであっても、傲慢と誹られても、自身を曲げることを求める勧誘に流されるわけにはいかなかった。

『ハンナ・アーレント』の描写の興味深さはこれだけではない。踏みとどまった主人公と対照的な、周囲に流されたケースを次の2点に暗示しているのである。その第1は、バッシングのきっかけとなった被告人の姿である。エルサレムの法廷が明らかにしたのはアイヒマンがナチの政治宣伝に浮かされ、知人の勧誘をきっかけに入党したことだった。つまり、狂信的な反ユダヤ主義の悪魔ではなく、世情に流されて虐殺に荷担した凡人にすぎなかった。

第2は、大勢に流されたそのアイヒマンの法廷がイスラエルの政治宣伝に利用されたことである。罪なきユダヤ人と悪魔的ナチという対比から民族の悲劇が強調され、それを裁くイスラエルの正統性が示唆された。主人公は映画で、夫のハ

インリヒ・ブリュッヒャーにその不満を吐露している。しかし、メディアは構わずその構図を喧伝し、流された大衆は異なる見解を非難した。

その矛先がアーレントに向けられた。伝えられたステレオタイプと異なり、大勢に流された凡人、命令に従う小役人としての面を強調したからである。やり玉に挙げられた著作の副題は「悪の凡庸さの報告」だった。

この「凡庸」（banal）という表現が、ナチの罪を軽くみせ擁護するものだと非難された。加えて、先にも触れたユダヤ人のナチ協力などへの論究がバッシングを助長した。指摘に不都合を感じた者が加勢したからである。『ハンナ・アーレント』は、ナチの勃興から30年を経てもなお、個人を圧殺するような力や勧誘が変わらず社会に息づき、跋扈していることを示したのである。

社会からの排除

こうした描写から宣伝に乗せられやすい大衆を批判することは難しくない。また、イスラエルの示した構図を喧伝したメディアを問題視することもできる。

例えば、「悪の凡庸さ」が煽動に流されたアイヒマンに向けられた辛辣な表現だったことに社会の大半は気づかなかった。その表現は、自ら思考することなく周囲に流されて虐殺に関与し、それでも法廷では命令に従っただけだと言い放つアイヒマンの自己欺瞞的な「凡庸さ」を批判している。しかし、作品に目を通すことなくバッシングに荷担した大半は、アーレントの真意を汲まずに喧伝されたイメージからの乖離を非難した。映画は、主人公を非難する手紙の山や親友メアリー・マッカーシーの出席したパーティーでの会話で、それを表現している。

大衆のこうした直情的反応やそれを煽ったメディアには、ある種のポピュリズムを認めることができる。自身と異なる存在を安易に槍玉に挙げ、レッテルを貼って非難を煽り排斥する攻撃的な同調圧力が作用しているからである。

アーレントが出世作『全体主義の起原』で指摘したのは、この攻撃的同調圧力を糧にナチスが力を得たこと、そして、その圧力が犠牲者の尊厳に対する関心の欠如を背景にしたことだった。すなわち、ユダヤ人は国籍を剥奪され社会に留まることを拒絶されて絶滅収容所に追いやられたが、その処置が施される間、周囲は冷淡であり続けた。アイヒマンはエルサレムの法廷で、無国籍となったユダヤ人を移送する際に誰からの反対も受けなかったことを証言している。社会には異物とされた者への無関心が蔓延していた。

　皮肉なことに、そうした状況で虐殺に加担したアイヒマンを裁くための法廷がアーレントへの攻撃を誘発した。映画はその攻撃がナチに通ずることをアメリカから追放されることへの主人公の危惧に象徴させている。ナチの擁護者というレッテルを貼った大衆的非難に、アーレント自身やその真意への関心はなかった。

思考することの意味
　『ハンナ・アーレント』をこう理解した上で、最後に次の２点を指摘しよう。第１に、映画が1960年代のアメリカや、ナチ時代のヨーロッパの特殊性を暗示している点である。仮に観客がアーレントへのバッシングや、世情に流されたアイヒマンを非難することに満足すれば、同種の事態が現代に生ずる危険を見失うだろう。縁遠いかつての被害者に同情を寄せはしても、スクリーンから離れれば問題を忘却してしまうからである。もちろん自身が加害者側に回ることなど想像もできない。

　第２に、宣伝に流された大衆という構図を鵜呑みにすることにも気をつけねばならない。少し気の利いた者なら扇動主体や便乗したメディアに真の責任があり、大衆は洗脳された被害者だと言うかもしれない。しかし、その主張はアイヒマンの自己弁護と同根である。エルサレムでは、大勢に流された一市民にすぎなかったこと、自身もまたナチの被害者であったことが主張されたのだった。

　繰り返しになるが「悪の凡庸さ」は法廷のような事実に直面する場の自己欺瞞を批判している。周囲に流されていようがいまいが迫害に加担した事実は変わらない。他者に関心を払わず流され行為する自身を省みない態度が問題だった。

　『ハンナ・アーレント』が示唆したのは、全体主義という巨悪がそうした「凡庸さ」、つまり異なる他者と共にある現実への無関心や、安直に思考を放棄することから芽吹くことだろう。そうした状況では個人の尊厳は蔑ろにされる。メディアも大衆も同じステレオタイプに浸り、バッシングが継続するためである。

　主人公はそれでも、借り物の知識や宣伝に流されることなく自身の経験を基に思考し発言した。繰り返し自問し、場合によっては相いれない他者にも思いを巡らせる態度こそが、周囲に流される無責任さへの安住をくい止めるからである。日本国憲法12条は「この憲法が国民に保障する自由及び権利は、国民の不断の努力によつて、これを保持しなければならない」としている。アーレントの堅持した態度は、そうした「努力」を考えるのに役立つといえるだろう。

（森分大輔）

8 忘れられた島から戦争の惨禍について考える

║『硫黄島からの手紙』（Letters from Iwo Jima）クリント・イーストウッド
║監督、2006年［アメリカ］

硫黄島とは？ この作品は、2005年、小笠原諸島の硫黄島で数百通もの
手紙が地下壕から発見された所から始まる。その手紙
は、61年前の1945年、アメリカ軍と激戦を繰り広げた日本軍兵士たちが家族にあ
てて書いたものであった。本作品はその手紙の内容を中心に主に日本側の視点で
1944〜1945年3月までの戦時下の硫黄島の様子、とくに1945年2〜3月の1カ月
にわたる日本軍の組織的抵抗に大部分を割いている（『父親たちの星条旗』（2006年）
はアメリカ側の視点）。では、硫黄島はどこにあるのか。東京の竹芝桟橋から船で
24時間かけて辿り着く約1000km南の小笠原諸島の父島。そこからさらに約280km

『硫黄島からの手紙』／ブルー
レイ ¥2,619（税込）／DVD
¥1,572（税込）／発売元：
ワーナー・ブラザース ホーム
エンターテイメント 販売元：
NBC ユニバーサル・エンター
テイメント／(c) 2007 Warner
Bros. Entertainment Inc.
and DreamWorks LLC. All
rights reserved

南下したところに硫黄島はある。小笠原諸島は大小30余
りの島々からなるが、聟島列島、父島列島、母島列島、
火山列島（硫黄列島）の4つの列島に分かれ、硫黄島は
北硫黄島と南硫黄島と南北に連なる三島で火山列島を構
成している。年間平均気温は24℃で温暖であるため、本
土では見慣れぬ亜熱帯性の植物が見受けられる。

忘れられた島 なぜ本土からかなり離れた、し
かも周囲約23km（面積約22km²、
北東〜南西の長さ約8.3km）の東京都北区ほどの島が、2
月16日から74日間（組織的戦闘終了が3月26日）に投下さ
れた爆撃で島がなくなってもおかしくないといわれるほ
どで（一説によると6800t）、日本軍2万1149人（戦死者2
万129人、戦傷者1020人）、米軍2万8686人（戦死者6821人、
戦傷者2万1865人）の死傷者を出す大激戦地となったのか
（最終投入兵力数が、日本軍2万2786人、米軍11万人）。この

点、渡辺謙演じる栗林忠道陸軍中将は「もしこの島が敵の手にわたればここは爆撃の拠点となり、敵はこの地から本土へと攻撃せしめんとする」とし、「本土のため、祖国のため、われわれは最後の一兵になろうともこの島で敵をくいとどめることが責務である」と述べている。要するに、ここの兵たちは本土防衛のため、自らの命を犠牲に１日でも長くこの島で米軍を食い止めることが任務とされたのである（しかし、大本営は戦闘機を引揚げさせたり援軍を認めないシーンも登場。また、補給要請したがわずかな雷管と竹槍が送られてきたという話も現実にはあった）。この作品の上映前、とある番組ではこの激戦について日本人でも知っている人が少ないというコメントがあった。日本国憲法の制定理由が「政府が引き起こした戦争の惨禍を二度と繰り返させないようにすること」であるから、この発言は残念でならない。戦時には離島やマイノリティを捨て石として利用し、戦争が終われば（利用価値がなくなれば）また棄てるということは歴史的に繰り返し行われてきた。しかし、その歴史が継承されていないということは、同じ過ちを繰り返す可能性がある。正に硫黄島はその実際例で、これを知ることにより、現在の離島に関する政策（例えば、有人国境離島法）もそのような側面がないのかどうか検討することができるのである。

硫黄島での戦争の惨禍　では、硫黄島ではどのような具体的な戦争の惨禍が生じていたのか。米軍は５日で硫黄島を陥落させる予定であったが、国際経験も豊富で合理的思考をもつ栗林中将の戦術により長期戦を強いられることになる。彼の作戦は、従来の軍部の戦い方とは異なり、島全体に地下壕を網の目のように張り巡らし要塞化し、敵を誘い出し迎え撃つものであった。彼の考え方は全軍に配布した『敢闘の誓』にも示されていて、「我等ハ各自敵十人ヲ斃（タオ）ササレバ死ストモ死セズ」「我等ハ最後ノ一人トナルモ「ゲリラ」ニ依ツテ敵ヲ悩サン」として、徹底的なゲリラ戦を重視し、精神論的なバンザイ突撃を禁じた。ただ、映画では、退却を命じた栗林に逆らう下士官の姿も描き出されている（本来は軍規違反）。「退却など卑怯者がすることだ」「残された道はただ一つ。潔い死に様である」といい、さらに御霊となって靖国で再会することや天皇陛下万歳を述べることで、部下を自決へ導くシーン、摺鉢山から命からがら逃げてきた兵士を恥さらしとして首を刎ねようとしたり、米軍の銃弾が雨霰のように飛び交う中無謀な突撃を命じるシーンなどである。その他軍隊での理不尽な体

罰なども描かれ、これら一つひとつの事例がより具体的な戦争の惨禍を理解さ
せ、個人の尊厳、信教の自由などの人権保障と結びついた上での平和主義原理が
憲法に規定されたことの意味を改めて考えさせてくれるのである。

生命権、生存権を奪う苛酷な労務作業

壕を掘る作業（28kmに及ぶ坑道構築）は熾烈を極めたよう
で、その作業風景は本編でも描かれている。経験者によ
れば、最も困難を極めた個所は「有害な一酸化炭素と硫
黄を含んだ物凄い熱気のため、私たちは十分間交代で掘り進んだが、その十分間
が死ぬほど苦しかった。熱気ばかりでなく、鼻をつく硫黄臭を防ぐために、全員
が防毒面を装着して作業をつづけなければならなかった」という（金井啓「司令
部付兵士が見た硫黄島玉砕」文藝春秋『太平洋戦争の肉声 3 巻』〔2015年〕、151-152頁）。
これは究極のブラック職場で、生命の危険を伴う苛酷な条件下での強制労働以外
の何物でもない（憲法18、27条はそれらを禁ずる）。しかも、食料も水も満足に与え
られず、夜通し労働作業をさせられるが、それは自分が生きるためではないので
ある（「持久戦に備えて雑草汁ばっかり」という愚痴も登場）。

離島と水資源

離島では水資源確保も考えねばならない。谷川も地下水
もない硫黄島では、各家庭には貯水タンクが備えられ、
雨水を効率的に集めるために屋根はシュロの葉で葺き、その上からコールタール
を塗ったトタンをのせる民家が主流になっていったという（夏井坂聡子『硫黄島ク
ロニクル』〔全国硫黄島島民の会、2016年〕、18-19頁）。日照りが続けば神社に集まり
雨乞いをし、待望の雨が降れば、何はさておき、ありったけの容器をもった島民
が総出で雨水を受け止めたともいう。このように長年生活している島民たち
（1944年当時1164人）ですら水の確保が困難であるのに、20倍近くの兵がいたので
ある（地域住民の生活権の破壊⁉）。実際、この作品では、水資源の不足も随所に描
かれている。栗林中将が1945年3月16日、大本営に発信した訣別の電報の中にも
「いまや弾丸尽き水涸れ、戦い残れる者全員いよいよ最後の敢闘を行わんとする
にあたり、……」とあることもこのことと無関係ではないであろう。

未だ終わらぬ戦争の惨禍

ところで、本編の冒頭部分は2005年の硫黄島が映し出さ
れている。摺鉢山山頂にある硫黄島戦歿者顕彰碑、未だ
に原型を留め錆びたまま放置されている戦車や砲台、爆弾や銃弾で破壊された痕
跡の残るトーチカ跡……。その後、硫黄島協会の人々が地下壕で発掘作業をし手

紙を発見する姿。恐らくこのシーンは遺骨収集の様子を描いていたのではないかと思われる。新藤義孝衆院議員の資料「硫黄島問題」（2019年2月）によれば、1952年より行われている134回の遺骨収集事業にて収集された遺骨は半数以下の1万454柱である（52.3％の1万1446柱は未だ収集できていない）。しかも、氏名が特定できたのは遺留品などの関係から100名に満たないという。要するに、戦争の惨禍はその場だけでは終わらないのである。硫黄島だけでなく沖縄などでも遺骨収集作業は現在も続いているし、不発弾も定期的にみつかっている（2019年6月、名古屋でも不発弾が発見され、近隣住民が避難させられた）。

小笠原諸島と地方自治

1830年に欧米系の人々が先住して以来、日本人移住者も多くいた小笠原諸島では1940年になりやっと町村制が施行され、大村、扇村袋沢村（以上、父島）、北村、沖村（以上、母島）、硫黄島村（硫黄島）の5つの村が誕生した（104人の住民がいた北硫黄島は適用外）。日本軍に日の丸を振る硫黄島村の村民の様子、居酒屋など村内の風景は映画でも映し出されているが、硫黄島村はいくつもの部落から構成されており、1944年は216世帯1164人が住んでいた。その中でも、学校、役場、医師、旅館などが集中していたのが島の北東部の台地にある元山部落だったという。戦前の産業は島名の通り、純度の高い良質の硫黄採掘を始めとし、サトウキビ、コカ、デリス、果物栽培も盛んだったし、サツマイモ、タコの実、マンゴーやパパイアなどの果物類、魚や肉など食事情も豊かだった（前掲『硫黄島クロニクル』、12-15、20-21頁）。しかし、1944年6月の激しい空襲以後状況は一変する。強制疎開時に携行できたものは2個までで様々なものを置き去りにせざるをえなかった（映画では、栗林が部下に村民の強制疎開を命じる場面が登場）。本土生活で困窮を極めた者もいるという。また、各家庭の働き手である成人男性1人以外の男性は軍属として残された（翌年の激戦時に103名の動員中82名死亡）。現行憲法が示す住民主体の地方自治を採用しない、市町村や住民を中央の道具位にしか思わない戦時下国家体制では、コミュニティーは簡単に破壊されてしまうのだ。ところで1968年6月26日、小笠原「返還」が実現するが島民帰還が認められたのは父島と母島だけである（国の方針により、両島では1979年3月まで憲法が規定する住民自治が著しく制限された不完全な自治体制が採用）。硫黄島旧島民は未だ遺骨収集と墓参事業以外、島内立入禁止である。映画の延長にあるこの現状、皆さんはどう思うだろうか。　　　　　（榎澤幸広）

9　米軍・沖縄・カメジロー

――地方自治は軍事的必要性に抗しうるのか？

『米軍が最も恐れた男　その名は、カメジロー』佐古忠彦監督、2017年［日本］

首里での演説　終戦から、つまり、あの沖縄戦から 5 年後、那覇市の首里中学校。

　かつての王城はすでになく、また、周囲を取り巻く城下町も消え失せていた。その首里での演説会、瀬長亀次郎はこう述べる。「この瀬長ひとりが叫んだならば、50m先まで聞こえます。ここに集まった人々が声をそろえて叫んだならば、全那覇市民にまで聞こえます。沖縄70万県民が声をそろえて叫んだならば、太平洋の荒波を超えてワシントン政府を動かすことができます」。会場にいた、元沖縄県知事、稲嶺惠一は当時の瀬長こそ、「（稲嶺のような）若い青年にとっては憧れの人」であったと述懐する。この、瀬長という人間はなにものか。また、そもそも、なぜ日本政府（東京）にではなく、瀬長はアメリカ政府（ワシントン）へ視線を向けるのか。現在でも沖縄が抱える「特殊事情」を理解するためには、この時代、そしてこの人物を理解することが欠かせない。

3,800円（税抜）／発売元：TBSテレビ・販売元：TCエンタテインメント／©TBSテレビ

「カメジロー」　この作品は、アメリカ施政権下の沖縄で、県民の権利のために戦った、瀬長亀次郎の半生を描く。瀬長は、1907年に沖縄本島南部の豊見城村（現・豊見城市）に生まれ、沖縄県立二中（現・那覇高校）などを経て、旧制第七高等学校に進むが、社会主義運動への関与を理由に放校処分となる。その後は、沖縄県出身者が多く住む横浜市鶴見区で労働運動の組織化を進めるが、治安維持法違反で検挙され、投獄された経験をもつ。

　瀬長が歴史に名を刻むのは、召集された戦線からの帰還後、アメリカの占領下・施政権下に置かれた沖縄にお

いてであった。瀬長は、言論で社会を動かすべく、現在の沖縄二大紙の一つ、琉球新報の前身である、うるま新報社長に就任する。冒頭の演説があった、1950年の沖縄群島知事選挙では落選するものの、1952年の立法院議員総選挙では最高得票での当選を果たし、さらに1956年には、県都那覇市の市長となる。しかし、公然と反米の姿勢を掲げる沖縄人民党を率いる瀬長を、アメリカは警戒し、沖縄人民党事件などを通じ、人民党、そして瀬長に圧力をかける。強権発動はついに、瀬長一人の被選挙権を失わせるためだけに法令（布令）を「改正」するに至る（通称「瀬長布令」）。1972年の復帰を前にした1970年には、沖縄が参加する初の総選挙で当選を果たし、以降、齢80を超え、1990年に政界を引退するまで、7期連続して当選し、衆議院議員として、国政においても活躍し続けた。

アメリカ施政権下での沖縄　1945年3月26日に米軍は沖縄上陸作戦を開始し、沖縄戦が始まった。アメリカは、上陸と同時に、いわゆる「ニミッツ布告」を発し、日本の行政権の停止と、ニミッツ海軍元帥が長となって、沖縄で米軍政府を設立することが宣言され、以降、1972年の沖縄返還まで、沖縄はアメリカの支配下に置かれることとなった。

　アメリカは、沖縄の軍事的重要性を認識し、「太平洋のキーストーン（要石）」として、基地の、基地オキナワの強化を急いだ。沖縄に米軍を重点的に配備し、それによって、非軍事化された「平和国家」日本の安全も担保するというアメリカの考え方は、朝鮮戦争以降の再軍備化の流れの中、修正されることとなるが、しかし、「要石」としての重要性は揺るがないとされ、現在に至るまで、沖縄県には、在日米軍の基地が集中する。

　1952年、サンフランシスコ講和条約が発効し、「日本」は占領体制から抜け出すものの、沖縄や小笠原諸島などの地域は、依然、アメリカの施政権下に置かれたままであった。琉球諸島には、統治組織として琉球政府が設置されたが、それは、アメリカが置く、琉球列島米国民政府（United States Civil Administration of the Ryukyu Islands、以下 USCAR）の強大な権限下で、限定的な権能を有する組織に過ぎなかった。

琉球政府と USCAR、そして高等弁務官　琉球政府には、行政の責任者である行政主席、司法を担う琉球政府裁判所、そして住民による選挙で選出され、立法を担当する立法院が置かれ、「三権分立」を意図した組織とはなっていたも

のの、組織としての実態は不完全なものであった。まず、行政主席は、最後の行政主席である屋良朝苗を除き、住民による公選で選出された存在ではなかった。USCARはしばしば、自身の統治に都合のよいと判断した人間を、行政主席に任命した。またそもそも、裁判所についても、別個に、アメリカ軍や軍属などに関する事件を扱う、USCARの裁判機関である米国民政府裁判所が存在した。さらに、USCARのトップに立つ高等弁務官は、琉球政府裁判所に係属中の事件を、米国民政府裁判所へと移送することが可能であり、USCARにとって好ましくない判決が予想される場合などは、移送によって事件を自らの手に移すことができた。このようにして、琉球政府は、USCARのコントロール下に置かれていたのである。

　USCARを率いる高等弁務官の権限は絶大であり、「沖縄の帝王」と表現されることもある。移送命令も、そのような権限の一つであるが、例えば立法に関してであれば、高等弁務官は、立法及び立法案の全部または一部を拒否し、無効にする権限を有していた。行政に対しては、基本的には行政主席の任命権を保持していたし、同時に、琉球政府で働くすべての公務員の罷免権も有していた。司法に関しては、移送命令の権限のほかにも、刑の執行を停止し、刑を変更および恩赦を実施することが可能であるとされていた。USCAR、そして高等弁務官のもつ強大な権限により、琉球政府が担う、沖縄における民主主義は、極めて制限されたものとなっていたのである。

カメジローとUSCAR

　アメリカが、瀬長を、「危険人物」と目するきっかけとなるのが、映画中でも描かれる、宣誓拒否事件である。1952年4月1日、琉球政府設立記念式典が、王城首里の跡に、リンカーンの誕生日を選んで開学の日とした、琉球大学で行われた。星条旗と将官旗がはためく中、式典はつつがなく進行するが、最後の立法院議員の宣誓を、瀬長は拒否する。起立も、脱帽もしない。宣誓書にも、捺印しない。残るのは、地鳴りのような会場の声と、怒りに震えるアメリカ軍の高官、そして琉球政府行政官の青ざめた顔、顔、顔、であった。

　瀬長を「好ましからざる人物」と認識したUSCARは、瀬長への圧力を強めていく。1954年には、手続的な問題が指摘されつつも、退去命令をうけた党員を匿った罪で、瀬長の逮捕を強行する。そして、出獄後、1956年に、瀬長が那覇市

長に当選すると、USCAR は一層の圧力を加える。那覇市は補助金を打ち切られ、さらに、アメリカが設立した琉球銀行は、那覇市の預金凍結措置を実施する。USCAR は、議会にも圧力を加え、意をくんだ琉球民主党は７度にわたり、市長の不信任決議を提案する。しかし、いずれも不発に終わったため、ついに、時の高等弁務官ムーア中将は、布令を「改正」し、瀬長の被選挙権を剥奪するに至った。「帝王」に、法令「改正」という伝家の宝刀を抜かせた瀬長の名は、いやが上にも高まることとなった。

米軍と沖縄と、そして

瀬長に対して、そして沖縄に対して、USCAR は強権的に振る舞った。現在、USCAR はすでに存在しないものの、沖縄に対しての日本政府の姿勢は、かつての USCAR の姿を彷彿とさせる。普天間飛行場の代替施設として、辺野古移設が取り沙汰される中、翁長知事、そしてその後を継ぐ玉城知事は、明確に反対の姿勢を取り、埋立ての承認撤回に踏み切った。しかし、国は、行政不服審査法の規定に反するのではないかという疑義（１条で、あくまで「国民が簡易迅速かつ公正な手続の下で広く行政庁に対する不服申立てをすることができるための制度」と規定されていることや、７条２項で国や自治体の「機関又は団体がその固有の資格において当該処分の相手方となるもの」は審査請求を行えないと規定されていることなど）を押し切り、行政不服審査制度を利用し、工事の着手へと至っている。

　そもそも、復帰の際に、どのような形での復帰を果たすのか、意見の対立があった。瀬長たちは、米軍基地なしでの復帰を強く主張した。復帰を次年の５月に控える、1971年12月４日。沖縄北方特別委員会で、衆議院議員である瀬長は、佐藤栄作首相を厳しく問いただす。佐藤首相による所信表明演説の「沖縄問題に対するあの結語は、軍事基地の継続使用は返還の前提ともなる」ものである。その前提がある以上、沖縄返還というものは「返還が目的ではなくて、基地の維持が目的である」ことになる。だから、「この（返還）協定は、決して沖縄県民が26年間血の叫びで要求した返還協定ではない」。軍事的必要性（憲法に規定はない！）というものは、「地方自治の本旨」を押しつぶせるようなものなのだろうか。「カメジロー」の問いはまだなお反響する。そして、誰が応えるのか。

　瀬長の言葉は続く。「この沖縄の大地は、再び戦場となることを拒否する！基地となることを拒否する！」、と。

（岩垣真人）

10 性暴力という武器

——女性・少女が戦争の犠牲にならずにすむために

『**ナディアの誓い**』（On Her Shoulders）アレクサンドリア・ボンバッハ監督、2018年［アメリカ］／『**女を修理する男**』（La Colère d'Hippocrate）ティエリー・ミシェル監督、コレット・ブラックマン監督（作家）、2015年［ベルギー］

なぜ「修理」？という疑問　なぜ「修理」なのか？　タイトルの「修理」という言葉がひっかかる。「修理」されるのは人間の女性なのだから。

　『女を修理する男』は、2018年ノーベル平和賞受賞者でコンゴ人婦人科医デニ・ムクウェゲ医師の活動を追ったドキュメンタリー映画である。ムクウェゲ医師は、コンゴ民主共和国東部にパンジー病院を設立し、コンゴ戦争、その後も続く混乱の中で発生し続けている軍事性暴力被害者4万人以上を「修理」（治療）している。

　治療を「修理」としたのは、女性・少女が紛争下で軍事組織、その兵士たちによって人間扱いされていないという現実、被害に対して手を差し伸べない政府や国際社会に対する皮肉であるとともに、「修理」と呼ばざるを得ないほど、女性・少女たちの受けた被害が残虐であまりに修復困難だからだろうか。

　ムクウェゲ医師は指摘する。軍事性暴力は兵士の性欲とは無関係である。性暴力は「大量破壊兵器」であり、女性を踏み台にしてなされる「戦術」だ。性暴力が、女性・少女たち、その家族、地域を「物理的・精神的に破壊する手段」だと。

『女を修理する男』／個人観賞用 DVD4,000円（税別）／発売元：ユナイテッドピープル

　被害者は、暴力によって自尊心を失い、心身を深く傷つけられるにもかかわらず、性暴力を受けたことで、家族から迫害を受けたり、治療後に再び被害にあう場合もある。ムクウェゲ医師は、そのような女性たちを「修理」し、人間らしさを取り戻し、人生を救う手助けをしている。軍事性暴力を受けても、その「美しさまで失ったわけではない」と励ましながら。

「奴隷だった自分しか　みえない」 映画冒頭に現れるナディア・ムラドは注目され、多くの人々が彼女を取り囲み、スマートフォンで写真を撮っている。堂々と歩くその若い女性は、かつて ISIS（イスラム過激派イスラム国）に捕らえられ、3 カ月もの間性奴隷として扱われた被害当事者である。

　『ナディアの誓い』は、2018年ノーベル平和賞受賞者で、人身売買の被害者の尊厳を訴える国連親善大使のナディア・ムラドの活動と、被害当事者としてのナディアの苦悩を追ったドキュメンタリー映画である。ナディアは、少数民族ヤジディ教徒の村であるイラク北部のコチョ村で、最愛の母と兄弟姉妹たちと暮らし、美容院を開く夢をもった普通の少女だった。2014年 8 月、ヤジディ教徒を差別し嫌悪した ISIS が村を襲い、ヤジディ教徒が拘束された。そして、ナディアの母のような年配の女性と、男性たちは虐殺され、若い女性は性奴隷として ISIS の間を売買されたのである。ナディアは性奴隷とされたが、脱出に成功し、国連安全保障理事会で ISIS の虐殺や性暴力について証言した。自ら受けた性暴力と、ヤジディ教徒に対する虐殺や性暴力を、当事者として苦しみながらも、多くのメディアや政治家、外交官たちに訴えていくその姿は、ヤジディ教徒の希望になった。

　周囲が自分を人権活動家と自分を呼んだとしても、「奴隷だった自分しか見えない」。映画の中で、ナディアはその身に起きた残虐な出来事を具体的には語らないが、震え、インタビュー後に涙を流す姿から、軍事性暴力が、いかに彼女の心身を深く傷つけたかうかがい知ることができる。彼女はまだ回復していないのだ。

「正義が下される」　ということ ムクウェゲ医師は、「原因に向き合」わなければならないとして、コンゴ民主共和国で女性・少女たちに起きている軍事性暴力を公に語っている。そのことによって、国際社会において被害状況が知られることになる。しかし、コンゴ民主共和国はそれを好ましく思っていない。そのためムクウェゲ医師は、脅迫され講演中止を余儀なくされたり、自宅前で襲撃されるなど、常に命の危険にさらされながらも、家族や患者たちに支えられて、性暴力被害にあった女性・少女たちへの治療と、軍事性暴力の原因に向き合う努力を続けている。役人など権力のある者を裁くことはまだ難しかったとしても、被害を告発することで軍事法廷において下級の兵士は責任追及されるようになってきた。

ナディアは、加害者たち（指揮官だけではなく、奴隷を買った者も奴隷を監視していた者も）責任を問われること、「正義が下される」ことを望んでいる。被害を語り続けることで、女性・少女が戦争の犠牲にならない社会を望み、今なお拘束されている女性・少女たちを救い、加害者が罰せられることを求めている。

被害事実を明らかにし、加害者に対して責任追及することは、軍事性暴力が組織的に行われたことを明らかにし、女性・少女に対する暴力を国際社会において明確に指摘して、新たな被害者を出してほしくないという被害者たちの願いに連なる。そして、加害者を罰するということは、被害当事者たちへの「あなたが悪いのではない」というメッセージになり、彼女たちを同じ人間として扱い、その尊厳を回復することを意味するのではないか。軍事性暴力被害にあった膨大な数の女性・少女たちに対面してきたムクウェゲ医師も、当事者であるナディアも、武器としての性暴力がもたらす残忍な現実を告発し続け、「正義が下される」ために国際社会に助けを求めている。

「生きる権利」

さて、軍事性暴力は日本から遠い話なのか。日本において軍事性暴力が遠い話だと思えるのであれば、それは日本国憲法のもたらしてきた効果なのだろう。日本国憲法は、前文において「平和のうちに生存する権利」を掲げ、9条で、戦争の放棄と戦力の不保持、交戦権の否認を規定し、日本で生きる人々は紛争下で生きることから自由になり、平和に生きる権利を享受してきた。憲法9条の平和主義は（解釈の違いや自衛隊の強化、在日米軍の存在などはあったとしても）、男性を軍隊の担い手としての役割から自由にした。各種の人権は、女性にも男性にも平等に保障され、戦前とは異なって、個人の尊厳と両性の本質的平等を基礎した家族に関する規定は（24条）、人々を家父長制から解放し、女性は従属的な存在や銃後の守りからも自由になった。軍事性暴力を受けるかもしれない恐怖から解放され「平和のうちに生存」できる憲法の下で生きている。

「正義は下され」ているか

日本国憲法の下に暮らす人々にとって、ムクウェゲ医師やナディアの挙げる声は、どこか遠い世界のことのように映るかもしれない。しかし、軍事性暴力が起こり続けている現実は、旧日本軍の「慰安婦」制度とつながっている。1991年以降、旧日本軍によって「慰安婦」にされ、残虐な軍事性暴力を受けた被害者たちが、日本政府を相手取って多くの

裁判を起こした。「慰安婦」制度に関する文書が発見され、裁判の内外で被害者たちが被害体験を語り、また加害者や目撃者も語ることによって、旧日本軍による軍事性暴力は明らかになっている。日本軍による組織的な性暴力であったが、明治憲法下の被害であったこと等から、日本政府は法的責任をいまだに認めず、被害者に対する正式な謝罪も行っていない（法的謝罪ではない形のおわびや、民間の基金による見舞金等の活動はあるが、どれも法的な責任を認めるものではない）。旧日本軍による軍事性暴力は、ナディアの言葉を借りれば「正義が下され」ていない状態なのだ。戦後、70年以上が経過しているというのに、被害者たちの尊厳、名誉は回復されていない。

　また、戦後、沖縄の女性・少女たちは日本国憲法の及ばない、米軍占領下で占領軍による軍事性暴力にさらされた。1972年の日本「復帰」以降は、日本国憲法の下にありながらも、日米安全保障条約に基づく在日米軍基地の75％が沖縄に集中するために駐留軍による軍事性暴力にさらされている。軍人でなくても性暴力を犯すかもしれない。しかし、軍事性暴力は、暴力性を前提とした軍隊の性質に根差す問題である。平時において軍事性暴力が起こる現実は、紛争下に容認されてきた「戦術」としての、「武器」としての組織的性暴力、それに対して沈黙してきた状況と地続きなのだ。

　平和に生きる権利は、女性・少女の人権を守る上において、前提的なものであり、平和に生きる権利が実現されてこそ、例えばナディアは明るい普通の少女でいられたし、美容院を開く夢を描くことができるのである。

法のちから　ムクウェゲ医師は、「法なくして平和は訪れない」という。法の支配のもとで、加害者はその責任を追及されるべきであり、軍事性暴力が起こるその原因を止める必要があるのだと訴えかけている。

　ナディアは、国連総会でのスピーチで、「斬首やレイプで数百万人が故郷を追われても動かないなら、皆さんは一体いつ動くのでしょうか」と各国代表の前で涙をこらえながら語り掛ける。

　これらの映画を観て、軍事性暴力の事実を目の当たりにした私たちへの問いかけなのだ。私たちはいつ動くのでしょうか。

（髙良沙哉）

11 ANPO

『ANPO』プロデューサー／監督リンダ・ホーグランド監督・プロデューサー、2010年［日本］

まずはこの映画の作成に至った背景を紹介したい。リンダ・ホーグランド氏は日本で生まれたアメリカ人である。彼女は日本の映画のすばらしさに惹かれ、黒澤明監督、宮崎駿監督などの映画の英語の字幕翻訳者になった。その関係で過去の日本映画の傑作を観たり字幕を書いたりする中で、1960年に日本に国民的なトラウマがあったことに気づいたという。大島渚監督は『青春残酷物語』など、1960年に過激な時代を描いた3つの映画を作成した。1959年、希望に満ちた『にあんちゃん』を作った今村昌平監督は、1961年に横須賀米軍基地を舞台にした、極めてニヒルな『豚と軍艦』を作成した。娯楽映画を100本近く作成した成瀬巳喜男監督の作品も1960年を境にトーンが暗くなったとリンダ・ホーグランド氏は感じた。彼女はその原因を「安保条約改定」に見出し、安保条約改定がさまざまな芸術家にも影響を及ぼしたと考えた。そこで1960年の安保闘争に焦点を当て、さまざまな芸術家などへのインタビューなどを通じて「安保闘争」をみつめ、そして芸術家たちが自己の作品にどのような思いを込めたのかを紹介する映画が『ANPO』である。

リンダ・ホーグランド氏は、「世界的に日本の近代アートは映画を含めて高く評価されていますが、露骨に戦争の記憶や米軍基地問題と向き合った作品は殆ど知られていません。そして、世界にこの素晴らしい『文化遺産』を紹介したいと思ったと同時に、日本の若い人にも知ってほしいと思いました。日本にも『抵抗』の歴史があることと同時に、その『抵抗』を世界級のアートとして表現し続けているアーティストたちは輝かしい存在」

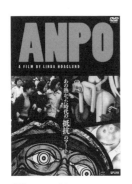

配給：アップリンク

だと本作の解説文で述べている。この映画では多くの芸術家の作品、歴史家など
の証言が紹介されている。

なぜ安保条約に反対したのか

この映画では、労働者、学生、主婦たち、教師など、さ
まざま立場の人たちが60年安保反対の運動に関わったこ
とが紹介されている。

　通常のデモであれば、タクシーの運転手や商店街の店主などは「デモなんかす
るな」と怒っていたが、「安保反対」のデモに関しては、タクシーの運転手や商
店街の店主なども「良くやった」と褒めてくれたという。

　多くの人々が岸信介首相による安保条約改定に反対した理由について、この映
画では2つの理由が挙げられている。

　一つは日本国民にも多大な犠牲をもたらした、アジア・太平洋戦争（1931-45
年）を起こし、A級戦犯容疑者として3年間、巣鴨プリズンに収容されていた、
岸信介氏に対する反感である。

　2つ目は、1つ目の論点と密接に関連するが、「戦争はもうこりごりだ」とい
う意識である。安保条約が改定されたのは1960年だが、アジア・太平洋戦争が終
わってから15年しかたっていない。安保条約に反対する運動に関わっていた人は
いろいろな思想・考えをもっていた。そうした多様な考えをもつ人の中での最大
公約数的な考え方は、「戦争はもうこりごりだ」という考えに集約できるとアー
ティストたちは映画の中で述べている。

　なお、「安保闘争」に関わった人からすれば、「安保闘争」の象徴的な人物は
「樺美智子」さんであろう。彼女は安保闘争運動の中で死亡した東大生である。
筆者は樺美智子さんの写真をみたことがなかったが、この映画では樺さんの写真
が大きく紹介されたり、その他の事件での死亡事故の現場の映像なども生々しく
紹介されている。そうした映像を通じて事件の悲惨さを紹介しようとする姿勢
も、この映画の特徴といえよう。

「安保条約」の現実

この映画では、安保条約改定後の、岸信介首相の満面の
笑みが紹介されている。岸信介氏の笑みに示されている
ように、安保条約は条約の成立手続を定めた憲法61条の規定に従って自然成立し
た。安保条約では「日本国の安全に寄与」（6条）するため、日本に米軍が駐留
すると定められている。そのため、アメリカ軍が日本にいるのは「日米安保条

約」に基づいてアメリカ軍が日本を守るからだといわれることが多い。しかし、本当に日本の市民の「平和と安全」が守られているのか。この映画では、とりわけ沖縄での米兵による強姦や強盗などの凶悪犯罪、米軍機による騒音が紹介されている。「米兵犯罪」や「騒音」について、この映画で紹介されていない事実をさらに補足すると、日本にいる米兵や軍属の法的地位について定めた「日米地位協定」では、「公務中」の米軍の犯罪についての第1次裁判権はアメリカがもつ。そのため、「公務中」の米兵犯罪については裁かれないか、極めて軽い刑罰で済まされてきた。もちろん、米側も「強盗」や「強姦」が「公務」とはさすがに主張しない。そこで公務外の犯罪については日本側が第1次裁判権を持つが、起訴までは日本が米兵被疑者の身体を拘束できない決まりになっている。その上、重大事件に関しても米兵を起訴しないという「裁判権放棄密約」が1953年に結ばれていたことが明らかになった。その影響で、2007年から2016年までの日本での米兵犯罪の起訴率はわずか18％、性犯罪の起訴率はわずか3％にすぎない（『琉球新報』2017年12月11日付）。

　「騒音」に関しても、たとえばアメリカ軍嘉手納基地周辺の住民約2万2000人が夜間や早朝のアメリカ軍の飛行の差止を求めた第3次嘉手納爆音訴訟控訴審では2016年2月、松井利仁北海道大学工学研究所教授が「嘉手納基地周辺では騒音に起因した心疾患や脳卒中で毎年4人死亡」と証言した。

　「戦争や軍隊によって自己の生命を奪われない権利あるいは生命の危険にさらされない権利」である「平和的生存権」（憲法前文など）が日本国憲法では保障されているが、今まで紹介したような状況で「平和的生存権」が保障されているといえるだろうか？

なぜアメリカの言いなりなのか

　なぜ自民党を中心とする日本の政治家たちは、在日米軍のこうした状況に対し、アメリカに交渉し、事態を改善させようとしないのか。その答えの一つがこの映画で紹介されている。

　この映画では『CIA秘録』（2008年）の著者であるティム・ワイナーの証言も紹介されている。彼の証言は以下のようである。「岸は米国に対して自らを売り込んだ。岸はこう持ちかけた。『私を支援してくれたら、自民党を結成して米国の外交政策を支持します。経済的に支援してもらえれば政治的に力添えします。安保条約にも合意します』と」。そして「CIAは満百万ドルも使って自民党や保

守層、つまり岸のような政治家を支援した。日本で左翼を増やさないためのプロパガンダだった」と。

つまり、日本での政権獲得のために岸信介首相はアメリカへの資金援助を依頼し、その見返りとしてアメリカの外交政策を支持したのである。

『ＡＮＰＯ』から何を読み解くか 本作からわたしたちは何を読み解くべきか。わたしたちはこの映画を通じて２つの事柄を考察することが求められているように思われる。

まずはアメリカの政策に追随する、自民党を中心とする日本政府のあり方である。岸信介氏がアメリカの支援を求める見返りにアメリカの外交政策の支持を約束したことは「安保条約」で終わるわけではない。その後もアメリカは日本に対して「海外派兵」「軍事力増強」、そして世界中でアメリカと一緒に戦うことを可能にするための法整備、最終的には集団的自衛権の全面行使を可能にする「憲法改正」を求めてきた。岸信介の孫である安倍晋三首相は2015年９月、世界中での武力行使を可能にする「安保法制」を強行採決した。安倍首相は2019年８月にも父の墓前で憲法改正を誓った。アメリカに追随して自衛隊を増強し、世界中での武力行使を可能にする「安保法制」の制定や憲法改正の動き、私たちは主権者としてどう考えるべきだろうか？

次に「芸術」と「政治的主張」の関係である。「芸術作品」に政治的主張が込められた場合、そうした作品は「芸術」とは呼べないのか。政治的主張が込められた作品は「芸術」ではないため、公権力が展示の中止を求めたり、補助金を支出しないことをほのめかすことで中止に追い込むような発言が許されるのか。2019年８月、あいちトリエンナーレの「表現の不自由展・その後」が中止に追い込まれた事例では、こうした問題が顕在化した。そしてその答えをみつける手がかりが本作に存在すると思われる。

（飯島滋明）

12 シン・ゴジラ

——国民的な記憶と体験を呼び覚ます

‖『シン・ゴジラ』庵野秀明監督、2016年［日本］

大衆的娯楽映画と国民的心情　本作品は、これまで28作品が製作されてきた「ゴジラ・シリーズ」の最新作（29作品目）である。このシリーズの総観客動員数は一億人を超え、テレビでも繰り返し放映されてきた。第一作公開は1954年なので、全ての世代が鑑賞し、おおよそのストーリーは知っている「国民的娯楽大作」といえるだろう。

　このシリーズは「ゴジラという巨大生物が太平洋沖から突然日本に上陸し、市街地で破壊の限りを尽くし、自衛隊、あるいは他の巨大生物と大立ち回りを演じ、海に帰るか、封じ込められる」という単純なパターンを、半世紀以上にわたって反復してきた。これに匹敵する映画作品は「テキ屋の甥っ子が、葛飾・柴又にある実家の団子屋にフラリと舞い戻り、大げんかをして飛び出し、旅先で恋をし、失恋してまた実家に舞い戻る」というパターンを49作品27年間にわたって反復した『男はつらいよ』シリーズくらいだろうか。

「シン・ゴジラ 2枚組」／Blu-ray&DVD 発売中／Blu-ray：¥4,800+税／DVD：¥3,800+税／発売・販売元：東宝／©2016 TOHO CO.,LTD.

　もちろん、パターンが単純だからこの作品が長く愛されたわけではない。このパターンのフレームを維持しつつ、その時々の国民的な体験と心情を投影してきたからこそ人気を博してきた。『男はつらいよ』シリーズには「高度経済成長によって消えていく古きよき日本への郷愁」という大衆的な心情が深く投影されていた。ではこの作品には何が投影されているのか。それを理解するためにはまず、1954年製作の『ゴジラ』第一作に立ち戻らなければならない。

『ゴジラ』第一作が描いたもの　わたしたちがいま生きている時代へと連なる生活感覚は、1950年代に形成された。1945年の敗戦で日本は壊滅的な打撃

を被り、1946年に日本国憲法が制定され、戦後復興がすすむなかで公開されたのがこの『ゴジラ』第一作である。

　この『ゴジラ』第一作は、「第五福竜丸事件」の半年後に公開されている。1954年３月に南洋のビキニ環礁近海でマグロ漁に従事していた第五福竜丸は、米国の水爆実験に巻き込まれ、乗務員たちは被曝し、乗務員が死亡する。その１カ月後に公開された『ゴジラ』のストーリーは、南洋で貨物船が原因不明の沈没事故を起こしたところからはじまる。当時、東京・築地ではアメリカの核実験の放射性降下物を浴びた「原爆マグロ」が地下に埋められ、各地の魚屋さんで「風評被害」がおこり、海産物の放射性汚染が騒動になっていた。はじめて姿を現したゴジラの足跡は放射性物質に汚染されていた。ゴジラは米国の水爆実験のショックで長い眠りから目覚めた古代生物であり、それが復興のすすむ東京に襲い掛かる。つまり当時の観客にとっては、ゴジラは架空の怪獣ではなく、戦争と原爆の記憶を、そして第五福竜丸事件という「二度目の被爆」の現実をつきつけるものだった。

　1954年は、敗戦から９年後にあたる。『ゴジラ』第一作に登場する私生活をおう歌し、平和と繁栄を享受している若い世代にも被爆や疎開という戦争体験が深く刻まれていた。ゴジラはそれを呼び起こしたのだ。このモチーフには、敗戦直後、大陸からの復員途中に広島を通過し、原爆の惨状を目の当たりにした本多猪四郎監督の、戦争の忘却への抗いの精神が込められている。

　本作は芹沢博士が秘密裏に開発した新型破壊兵器を抱え、ゴジラとともに海の藻屑になることで幕を閉じるが、同時に、破壊兵器を製造した芹沢が、わが身とゴジラを葬ることで「戦前と戦中」を断ち切り、「戦後」へとむけた人々の歩みを祝福する意味が込められている。この「戦争はもう嫌だ、原爆はもう嫌だ」という国民的心情が、日本国憲法が体現する「平和と自由」の価値観と結びついていったのは、まさにこの時代なのだ。

　このように『ゴジラ』第一作は、当時の国民の戦争体験に強く働きかけた。他方『シン・ゴジラ』は、東日本大震災と原発事故を被った人々の体験を喚起し、さらにそれを『ゴジラ』第一作の世界につなげていった。

大震災・原発事故の記憶と体験

　『シン・ゴジラ』は、冒頭から観客に「大震災と原発事故」の記憶を呼び起こしていく。東京湾羽田沖に出現し

たゴジラは、蒲田の、あるいは、大田区の船を跳ね飛ばしながら遡上していく。これは大震災後の津波の情景だ。その後ゴジラは上陸し街を破壊していく。SNSで放射線量の増加が騒ぎになり、ゴジラの行動経路で放射線量の上昇が確認される。そしてゴジラ自体が巨大な原子炉であり、ゴジラにスクラムをかけ、冷温停止させるしか対抗手段がないことが判明していく。首相官邸前に数万の人々が集まり、「ゴジラを……」とコールをするシーンは、2012年頃に首相官邸前に数十万人が集まった「脱原発デモ」の情景そのものである。ゴジラの登場以後、SNSで情報収集し、逃げまどい、避難し、そして抗議やデモをする人々とは、紛れもなく3.11の震災と原発事故直後の「わたしたち」である。

　ゴジラはいったん東京湾に姿を消すが、4日後、鎌倉・稲村ケ崎付近から再上陸する。東京都心へと向かうゴジラに対して、自衛隊は多摩川河川敷を最終防衛ラインに設定し、総力戦を仕掛ける。しかし戦闘車両は壊滅。現場指揮者の戦闘団長は「国民を守るのが我々の仕事。戦闘だけが華ではない。住民の避難を優先させろ」と命じる。戦闘よりも住民の命と避難を優先する自衛隊の姿がここでクローズアップされる。このシーンでは、大震災・原発事故の時の、自衛隊員たちの命がけの救援活動を想起させつつ、この後に登場する「米軍」のあり方と対比する伏線がひかれている。

大震災・原発事故から戦争・被曝体験へ　万策が尽きた日本政府は、米軍に攻撃要請をする。米軍は——住民の命と避難を度外視した——B2戦略爆撃機による絨毯爆撃を敢行。米軍による猛烈な爆撃を受けたゴジラは、背中からまるでサーチライトのようなビーム光線を上空に放ち、爆撃機をすべて撃墜し、さらに東京都心部の街を焼き払う。このシーンは、戦時下の1945年3月10日、米軍のB29戦略爆撃機の絨毯爆撃により10万人以上が犠牲になった「東京大空襲」を再現したものだ。ゴジラの光線は、対空灯火管制下で上空に放たれたサーチライトをあらわしている。

　こうして本作は「大震災・原発事故」の記憶と体験から、「戦争・被曝」の記憶と体験へと遡っていく。

　米国はゴジラに対する核兵器による攻撃を決断。「これは酷すぎる！」と外務大臣は拳を机に叩きつけるが、それでもわが国は米国による「三度目の」核兵器投下を受け入れざるを得ないのだ。数百万の東京都民の「疎開」がはじまるな

か、これまで米国政府のエージェントであり、日米のダブルであるカヨコがこう告白する。「私は被曝三世である」と。原爆投下直後の広島の写真が映し出され、カヨコはさらにこう語る「祖母を不幸にした原爆を、この国に三度も落とす行為は、私の祖国にさせたくない」。

米軍による核攻撃を阻止するには、ゴジラを冷温停止させる「ヤシオリ作戦」を成功させるしかない。本作は、2011年の大震災と原発事故の記憶と体験を喚起し、過去の戦争体験と重ね合わせることで、ゴジラを原爆と原発という「二つの核」の象徴に高めあげ、そして「わたしたち」がこれからもこの「二つの核」に向き合わざるを得ないことを突き付けて、幕を閉じる。

日本国憲法は国民意識とともに

1947年に日本国憲法が制定されてから、70年以上が経過した。「時代が変わったから、憲法は改めた方がいい」という声も聞かれる。しかし『シン・ゴジラ』のメッセージは「時代が変わっても、変わらぬ記憶と体験がある」というものだ。『ゴジラ』第一作は日本国憲法の価値観が国民に定着していくなかで作られた。日本国憲法は「戦争はもう嫌だ、原爆はもう嫌だ」という国民的な心情をうつしだす「鏡」の役割を果たしてきた。過去の悲惨な体験と現在をつなぐこの「鏡」があるからこそ、本作は大震災と原発事故という新たな危機を国民的な体験をつむぐものとして表現できた。

日本国憲法も、『ゴジラ』のような大衆的娯楽作品も、各々の時代の国民的な記憶と体験に支えられてきた。憲法を単なる条文解釈にとどめず、歴史的・体験的なものとして捉える視点を『シン・ゴジラ』は与えてくれる。

日本国憲法は前文で「政府の行為によつて再び戦争の惨禍が起ることのないやうに」し、「平和を愛する諸国民の公正と信義に信頼して、われらの安全と生存を保持しよう」と誓っている。この誓いをうち捨て、国民的な記憶と体験を忘却の淵に追いやろうとする政治権力の動きが強まるとき、『ゴジラ』は再び姿を現し、それを呼び覚ますのである。

(木下ちがや)

13　主権者教育は世代をまたぐ仕事

『グレート・ディベーター』（The Great Debaters）デンゼル・ワシントン監督・脚本、2007年［アメリカ］／『グローリー　明日への行進』（Selma）エヴァ・デュヴァネイ監督・脚本、2014年［アメリカ］

黒人学生ディベート・チーム　映画『グレート・ディベーター』は、1930年代に全米討論選手権に出場した黒人大学ディベート・チームの実話をもとにした映画である。1935年、人種差別が根強く残るテキサス州マーシャルの黒人大学で働く教授トルソンは、ディベートのクラスを立ちあげる。学生たちも討論大会に向けて特訓に乗り出す。クラスの内容は、テーマを決めて各自でリサーチをしてくる演習ゼミと、それを説得力のある弁論に組み立てるアウトプット・トレーニングを組み合わせたものだ。

　この映画には、二重の見どころがある。まずはストーリー。そして、登場する学生たちが行うディベートの内容が、「福祉政策の必要性」や「教育における平等」や「非暴力不服従の可否」など、文字通り「映画で学ぶ憲法」で取り上げるべきテーマになっているので、ぜひ耳を傾けてみてほしい。

　弁論の力を通じて差別社会を変革していこうという希望に、学生たちは目を輝かせる。ハードな勉学や説得力のある語りの訓練は、トルソン教授の挑発にショックや反発を感じることがあっても、乗り切ってきた。作品の前半は、そういうまっすぐな青春物語だ。しかしそれは「大学」という場所に守られてのことだった。後半は、彼らのヘイトとの戦い、とりわけトルソン教授から自立していくにつれて増していく《内面化されたもの》との戦いがクローズアップされてくる。

　ある日、彼らは白人グループによって木に吊るされ殺された黒人の姿を目の当たりにみてしまう。大学の中ではまっすぐな思いで勉学に打ち込む彼らだが、大学の外の社会では、白人から目をつけられれば命の危険と隣り合わせなのだという現実に、彼らの心は折れ、言葉は失われていく。彼らが直面していた差別は、

教育格差や経済格差だけでなく、その問題を語ればどんな目に遭うかわからないという恐怖だった。希望を見失いかけた彼らに、ハーバード大学から、ディベートの試合への招待状が届く……。

ステレオタイプとジレンマ

学生のディベートが、なぜ差別社会を変えることにつながるのか。それは、社会がマイノリティに与えてきたステレオタイプを払しょくすることにつながるからだ。高等教育には向かない人々とか、知的判断力を必要とする職業には向かない人々とか、選挙に参加するのに必要な知識や意思決定能力を持ちえない人々とか、そういった先入観によって、教育水準を低く抑えられ、それによって職業その他の生き方も低いところに限定される……。現実社会の中の差別は、そうした負の循環になっている。その循環を断ち切るためには、まず自分たちがそのステレオタイプを乗り越え、そうではないイメージを社会にみせる必要がある。大学対抗のディベート試合に勝ち続けることで、彼らの活躍は新聞メディアに載り、社会の「黒人」イメージを変えつつあった。

しかしそのように「目立つ」ことは、憎悪暴力のある社会では、暴力のターゲットにされる危険をみずから高めることを意味する。自分が民主主義の担い手であるという気概は、自分が暴力の標的にされるという恐怖の前では、無残に崩れてしまう。この作品は、学生たちがこのジレンマに気づいてからの第二ラウンドを描いているところに価値がある。

民主主義と選挙権の平等

「民主主義とは何か」。その答えは簡単には出てこない。憲法の学説を見ても、何通りもの考え方がある。しかし、単純な数字の多数決だけを指すのではないこと、選挙とか議会という「制度」を作っただけでは民主主義は実現しないことは、大方の一致するところだ。そこには少なくとも議論が交わされることと、制度から排除される人々を出さない「平等な参加」のルールとが必要だ。

『グレート・ディベーター』は政治ドラマではなく、大学生の青春ドラマだが、80年前のアメリカで民主主義の裾野を自ら担おうとした若者たちの姿をみることで、民主主義に関するヒントをつかむことができるだろう。主権者教育の参考にもなる作品として、高校生から大学生の世代の人々にぜひ一度はみてもらいたい作品である。

さて、ここに登場した人々は、後にアメリカ公民権運動（1950年代から60年代）を牽引したり、先輩として擁護したりする役割を果たしていく実在の人物たちである。公民権運動の立役者となった人々を木にたとえるなら、その木を支える土壌となったのが彼らだった。そこで次に、公民権運動を描いた映画の中から、映画『グローリー　明日への行進』を紹介したい。これは、マルティン・ルーサー・キング Jr. 牧師を、その活動の中でもっとも大きな出来事となった「セルマの行進」に焦点を当てて描いた作品である。

　1965年、アラバマ州セルマで、選挙権を求めデモ行進をした人々を警官隊が暴力で制圧し、多くの負傷者を出した。"血の日曜日事件" と呼ばれるようになったこの場面は、テレビを通じて全米に報道されていた。

　キング牧師たちをとりまく社会環境は、『グレート・ディベーター』の時代からそれほど変わっていない。学校制度は人種の平等へと舵を切ったが、人々の感情はまだその変化を受け入れることができておらず、黒人が選挙に参加できない状況は変わっていなかった。黒人が選挙人登録をしようとすれば「識字テスト」——まず合格できない高度な一般教養テスト——が課せられ、警察官から不審者の疑いを受ければ簡単に逮捕されるか殴打される、という状況は変わっていない。憲法上の権利はあるが、州の政策によって実質上その権利が使えない状態が作り出されていたのである。

　彼らの妥協なしの異議申し立てを受けることとなったジョンソン大統領は、態度を硬化させていく。映画は、キングと当時の大統領ジョンソンとのやり取りをつうじて、統治者の側からみた民主主義の《面倒くささ》《苛立たしさ》をよく描き出している。だからこそ、下からのウォッチングと声が必要なのだということも、よくわかる。選挙権の保障を求める人々の声になかなか応えようとしない大統領にキングは苛立ち、「大統領を憲法違反で訴える！」と叫ぶ。

民主主義と表現の自由　この作品のもう一つの柱は、デモ行進や演説など、「表現の自由」である。キング牧師は大統領を訴えることはしなかったが、アラバマ州知事に対しては、裁判を起こしている。デモ行進を不許可として警察官を配備したアラバマ州知事に対し、この禁を解いてデモを許可するよう求める裁判である。この時代、裁判所も白人による憎悪暴力（放火など）を訴える裁判では不当に白人に甘く、デモ行進で逮捕・起訴された被告には適正

手続きを踏み外した裁判が多かったことが、『ミシシッピー・バーニング』（1988年）や『シカゴ7裁判』（2020年）といった作品をみるとわかるが、そんな中でアラバマ州のこの裁判は、憲法を学ぶ人にぜひみてほしい重要なシーンである。

「表現の自由」は民主主義の社会にとって、なくてはならない前提といえる権利である。日本国憲法は21条で、出版物の自由と並んで、「言論、集会、結社の自由」を保障している。これらの保障は、政治的言論の自由を保障することと深く結びついてきた。これらの自由をとくに保護する理由が、こうした作品をみるとわかると思う。このような公権力による妨害が、歴史の中では繰り返されてきたため、憲法という防波堤が必要だったのだ。

かたや、民主主義の担い手としての「言論」に参加する者には、ある種の自律（自己を律する意思）も必要になる。こうした作品に描かれた恐怖や絶望や怒りは、そのままでは、ケアの対象ではあり得ても、民主主義のステージ（公共空間）に乗せる「言論」にはならない。それを言語化する努力は、苛烈な経験をした人間にとっては苦しい闘いともなる。その真摯な闘いに敬意をもつ社会を、私たちはあらためて作っていかなければならないだろう。

先に触れた『ミシシッピー・バーニング』は、黒人のコミュニティ（教会）ではそれができても、白人優位の社会の中ではそこに辿り着けない黒人の姿が描かれていた。とりわけ随所で描かれる、沈黙を強いる沈黙の権力を可視化させる手法は、映画ならではだ。

『グローリー　明日への行進』で描かれたキング牧師は、その鍛錬を完成し、言論のアスリートとして演台に立つ人物だった。しかし彼に賛同し、彼を支えようとする人々は必ずしもその鍛錬を完成させた人々ではなく、ときに怒りを爆破させて誰かを罵りたくなるし、ときに無力感に打ちひしがれて言論から撤退しようとする。本来はそれが人間の自然な姿だろう。だからこそ、民主主義の担い手として考え語るには、意思がいる。主権者教育に本当に必要なのは、この意思（自律）について教え、その芽生えを支えることではないだろうか。これらの作品が私たちに伝えようとしているのは、その意思のことではないか、という気がする。

（志田陽子）

14 宗教戦争と寛容の精神

——エリザベスとマルゴが生きた正統と異端の時代

『王妃マルゴ』（La Reine Margot）パトリス・シェロー監督、1994年［フランス］／『エリザベス』（Elizabeth）シェカール・カプール監督、1998年［イギリス］

宗教戦争の世紀 16世紀から17世紀にかけてのヨーロッパは、血で血を洗う凄惨な宗教戦争の時代であった。

　1517年、ローマ・カトリック教会の腐敗に怒ったマルティン・ルターが、いわゆる「95カ条の論題」をヴィッテンベルク城の壁に打ち付けて以来、ヨーロッパのキリスト教世界で宗教改革が始まったとされる。もっとも、近年の歴史研究によると、カトリックに対抗するプロテスタント勢力の形成にルター自身がどの程度の影響を及ぼしたのか、さらに「論題」を実際に壁に貼りだしたのかについてさえも、諸説議論があるようである。後の時代のドイツにおけるナショナル・アイデンティティの形成とルターの神格化により、ルターの存在と歴史的役割は過大に語られてきた可能性があるというのである。

『王妃マルゴ』／Blu-ray：2,381円＋税／DVD：1,429円＋税／発売元：ツイン・販売元：NBCユニバーサル・エンターテイメント／※2021年1月の情報です。

　とはいえ、聖書に根拠のない贖宥状の販売が本当に人々の救済になるのかというルターの真摯な問いは、当時の神聖ローマ帝国の制度疲労やヴァチカンからの影響力行使に不満を感じていた様々な身分の人々に、広く受け入れられていったことは事実である。教会の改革を求める運動は、やがてドイツのみならず各国へと波及し、様々な政治的な思惑とも重なり合って、複雑かつ陰惨な宗教戦争を呼び起こしていくことになる。本稿で扱う2つの映画は、正にそのような死と隣り合わせの時代を、必死に生き抜こうとした2人の女性が主人公である。

自由を奪われた女王と王妃 『エリザベス』においても、『王妃マルゴ』においても、主人公

の女性は、政争の手段とされ、自らの人生を自由に生きることが許されない。

　異母姉メアリーによる新教徒弾圧を生き延びたエリザベスは、晴れて女王として即位する。しかし、重臣セシルからすると、「陛下のお体はもはや陛下のものではない。国家のものだ」。女王は、政略結婚と世継ぎ確保のための「手段」に過ぎなかった。このような扱いに抗して、エリザベスは寵臣ロバート卿との逢瀬を楽しむが、彼が既婚者であることが判明し失望する。そこで仕方なく、フランスのアンジュー公との政略結婚を検討するが、彼は女装癖のある男性であった（史実とは異なる）。愛を与えてくれる人は現れず、敵対者からの攻撃は止まない。

　結局、エリザベスは自分自身の幸せを諦め、「男の心を持った女」として絶対君主の道を選ぶ。映画の終盤、エルガーの「ニムロッド」（この言葉には、狩人や反逆の意味がある）の調べに乗って、女王に刃向かう者たちが次々と処刑されていく。そしてエリザベスは、性や宗教を超越した神聖な存在へと変貌を遂げるのである。

　王妃マルゴも政治の道具として扱われている。マルゴは、兄弟や母后カトリーヌをはじめとする一族にとって、「何の価値もない。物か、カネか、担保と同じ」であり、カトリックとプロテスタントの融和のための政略結婚を強いられる。彼女に「生の喜び」と「探していた愛」をもたらしてくれたのは、プロテスタントの青年、ラ・モールであった。共に「虐げられた者」として、宗派や身分を超えた裸の人間同士の愛を確かめ合う。しかし、母后カトリーヌの謀略の結果、ラ・モールは処刑されてしまう。ラ・モールの首は、マルゴの人生に最も幸せな瞬間があったことの証であり、彼女はその首と共に生きていくことになる。

宗教世界の分裂　両作品の歴史的背景には、カトリックとプロテスタントに分裂したヨーロッパにおける激しい宗教戦争がある。

　「エリザベス」の舞台、イングランドにおける宗教改革は、ヘンリー8世の離婚問題に端を発したものであるが、ローマ教皇や神聖ローマ皇帝との政治的対立をも背景としつつ、イングランド国教会（新教）がローマ・カトリック教会から独立するという形で進行した。ところがヘンリー8世の娘、メアリー1世は、カトリックの復活を狙い、約300人の新教徒を処刑したため、「ブラッディ・メアリー」と呼ばれることになる。

　エリザベスは、メアリー1世の異母妹にして新教徒であったため、ロンドン塔

に監禁され処刑寸前の状況に陥る。苛烈な尋問に対して、彼女は「宗教上のささいな問題でなぜいがみ合うのです？」と問う。辛くも死刑を免れ、女王となった彼女は、側近ウォルシンガムの助けを借りながら王国の危機を乗り越えていく。

　宗教問題については、新国王至上法と礼拝統一法の制定によって、イングランド国王とローマ教皇への「二重の忠誠」状態を解消し、教会の礼拝を新教方式に統一した。その結果としてイングランド国教会が定着するが、旧教勢力の不満も残ることになった。本作のエリザベスに向けられるのも、「異端」「妾腹」といった憎悪の言葉である。

　一方、『王妃マルゴ』の舞台フランスでは、既に1520年代にルター派の思想が流入し、さらに1550年代にカルヴァン派が有力化していった。カルヴァン派は教会を組織化し、ブルボン家をはじめとする一部の有力貴族の支持を獲得したため、ギーズ家を筆頭とするカトリック勢力と激しく対立するようになる。その対立は、やがて40年近くに渡る宗教戦争、ユグノー戦争（1562-98年）へと至る。

　本作で陰惨に描かれるサン・バルテルミの虐殺（1572-73年）は、一晩で終わった事件ではない。パリで数日、さらに地方に波及して数カ月続き、相当数のプロテスタントが虐殺された。エリザベスの側近ウォルシンガムは、駐仏大使としてこの惨劇を目撃し、逃げ込んできたプロテスタントを保護している。宗教戦争においては、自らを正統と信じて止まず、相手を異端と決めつける人々によって、憎悪と不信の連鎖がとめどなく繰り返されていく。その悪循環は、王権によっても終わらせることが困難となっていた。

| 宗 教 的 寛 容 | やがて宗教戦争に直面した人々の中から、異なる信仰の存在を許容する宗教的寛容を説く者が現れ始める。 |

　エリザベスと同年に生まれ、宗教戦争の時代をフランスで生きたモンテーニュは、有名な『エセー』の中で、次のように述べている。「われわれは、その宗教が通用している国に、たまたま居合わせて、その歴史の古さやそれを守ってきた人々の権威を尊重しているにすぎない」（宮下志朗訳）。つまり、自分が選んだ信仰は偶然の賜物かもしれず、もし別の国にいたら、別の信仰をもっていたかもしれない。旧教と新教の違いもその程度のものであって、そのような「ささいな問題」でいがみ合う必然性はないのではないか、ということであろう。

　そして、モンテーニュの死から約100年後、イギリスではジョン・ロックが

『寛容についての手紙』を執筆し、政治権力と宗教の役割を区別する政教分離論を提唱した。ロックによると、政治権力の役割は、生命、自由、健康、所有権の保障といった「現世的利益」の確保である。これに対してキリスト教の精神は来世における「魂の救済」にあり、このような問題に政治権力は介入すべきではない。また、信仰は個人の確信に基づいて選択されるべきであり（宗教的個人主義）、そうである以上、他人の信仰に対する寛容の義務が生じる。

　さらに、フランス革命前夜、プロテスタントが冤罪で処刑された事件をきっかけとして、ヴォルテールが『寛容論』を出版する。『寛容論』は、サン・バルテルミという言葉を6回登場させ、古今東西の事例を参照しながら狂信と熱狂を戒め、キリスト教本来の寛容の精神を説く。そして、人間の「ささやかな相違が」、「憎悪と迫害の口火にならぬようお計らいください」と祈りが捧げられる。

　以上のように、多くの犠牲と長い時間を経て、ようやくヨーロッパ世界は寛容の精神と信教の自由の保障、そして政教分離の確保にたどり着いた。ただし、無神論が寛容の対象から除外されていたことや、敬虔な信仰を持つ者が果たして自らの信仰を相対化できるのか、あるいは、不寛容に対する寛容はあり得るのかといった大きな問題が残されたことには留意が必要であろう。

イスラム教と試されるヨーロッパ

現在のヨーロッパにおいては、従来のキリスト教文化とは異質の宗教生活を送る人々、とくにイスラム系移民の行為をどう処遇すべきかが問題となっている。

　2010年にフランスにおいて制定された「ブルカ禁止法」は、「共生」の確保を目的としており、イスラム教徒の女性がブルカを公共の場で着用した場合、罰金刑に処せられる。他者と共生する以上は顔をみせる義務があり、宗教の教義に基づいて顔を隠す衣服を身につけることは、共生の拒否だというのである。ブルカ禁止は、社会の維持存続に必要不可欠な共生の作法であろうか。それとも寛容の対象とされるべきであろうか。ヨーロッパ諸国の中でも対応は分かれている。

　ヴォルテールは、「日本人は全人類中もっとも寛容な国民」と記している。現在の日本はヴォルテールの評価に値するような、寛容な社会といえるであろうか。

（中島宏）

15 黙する列車、映画館、そして教室

——個人の尊厳・良心・移転の自由

『僕たちは希望という名の列車に乗った』（Das schweigende Klassenzimmer）ラース・クラウメ監督、2018年［ドイツ］〔原作『沈黙する教室』（Das schweigende Klassenzimmer）〕

「乗車券・旅券を拝見！」
「告　白　せ　よ！」

時々、国内外で列車に乗っていると、緊張が走る瞬間がある。キセルや密入国をしているわけじゃないのに、券の提示を求められる前から、もう少しで自分の順番だ……黙りこくった緊迫感が漂う。何度も旅しても慣れないものである。でも、そこを抜ければ（ヨーロッパ・ピクニックのような）楽しい自由な行き先が待っているはず——そんな「緊黙と希望という名の列車に乗った」ような——日常から非日常へ劇的かつ史的に進む映画の始まりだった。

　時は1956年、東西冷戦下の実話に基づく。東ドイツの高校生のテオとクルトは西ドイツゆき列車に乗る。車中で国境警察に行き先を検問され、戦死した祖父の墓参を口実にするが、目当ては西ベルリンの映画館。そこでハンガリー民衆蜂起のニュース映像に偶然衝撃を受けた……。2人は教室で級友に呼びかけ、20人中12人の多数決で全員が授業冒頭に2分間の黙祷をする。それは、自由を求めるハンガリー市民に共感した哀悼だったが、ソ連の影響下の東では "社会主義国家への反抗" とされる。首謀者を告白するよう宣告された生徒たちは、人生の重大な選択を迫られる。仲間を密告してエリートへの階段を上るのか、それとも良心を貫き大学進学を諦めて重労働者として生きる道を選ぶのか……。

『僕たちは希望という名の列車に乗った』／DVD 発売中／¥3,800（税抜）／販売：アルバトロス／(C) Studiocanal GmbH Julia Terjung

舞　台　背　景

本作の1956年という時点は、1945年ナチス・ドイツ敗戦後、ドイツが米英仏側（西）とソ連側（東）に分断され、

1949年の西ドイツと東ドイツの建国後、1961年ベルリンの壁建設の前だ。建設前であってもベルリン内を除き東西国境検問は厳しかった。その後、1989年ベルリンの壁崩壊と1990年東西ドイツ統一から今30年が経つ（天安門から香港デモも）。本作では、テオなどまだ壁をみぬ若者たちを、もう壁をみぬ若者たちが健気に演ずるわけである。逆に、若者を取り巻く（がナチ時代を黙して語らない）大人たちの多くを、壁をよく知る東ベルリン出身の役者が重厚に演ずる。日本では冷戦の壁をもはや知らない若者も増える。壁越えの苦境を描く『トンネル』（2001年）、『バルーン　奇蹟の脱出飛行』（2018年）、壁建設中も細かく撮るスピルバーグ監督『ブリッジ・オブ・スパイ』（2015年）や『寒い国から帰ったスパイ』（1965年）などをみて想像してほしい（『進撃の巨人』やトランプの壁とも少し違う）。

　映画『スターリンの葬送狂騒曲』（2017年）で皮肉られるソ連の最高指導者スターリンは1953年に死した。東ベルリン市民は、同年「6月17日蜂起」を起こすが、ソ連軍に鎮圧され、犠牲者を出した（テオの父が重労働〔意に反する苦役〕に服する理由とつながる）。続く最高指導者フルシチョフによる「スターリン批判」が本作の1956年である。騒めく（ざわ）ソ連の影響の下、同年秋にハンガリー動乱が起きた。自由を求める学生の手紙や平和的デモに始まったが、政府軍の発砲やソ連軍の介入によってハンガリー市民は、2週間あまりで鎮圧され、2500人以上が死亡し、20万人以上が難民となったといわれる。この動乱の経過を、本作のテオやクルトはリアルタイムで西側の報道から密かに聴くのである。

舞台裏、張りぼて憲法　歴史＝物語（＝Geschichte）の活写が本作では巧妙なバランスだ（同じ監督の同時代の『アイヒマンを追え！』（2015年）も）。かの権力者の死後に名を冠したスターリンシュタット（スターリン市）が本作の舞台たる東ドイツ新造都市である。同市では本作登場の教会が無く教会代わりにバラックだった点が小さな歴史考証ミスだが（出身者の映画評）、実話は別の町であり、本作が舞台装置を丸ごと変えたのは象徴的かつ効果的である。同市は「スターリン批判」を受けて1961年にアイゼンヒュッテンシュタット（製鉄所市）へ改名されることになる。だが、映画『グッバイ、レーニン！』（2002年）のように「グッバイ、スターリン！　フルシチョフ！」など自由を叫ぶことができるのは、西への東ドイツ吸収統一、1991年ソ連崩壊まで待たねばならぬことを知らない時代である。いかに実際は思想や教会での信仰が制限されていたのか。

その時代、1949年、東のドイツ民主共和国憲法は、たしかに41条「信仰及び良心の完全な自由」・9条「意見の自由」など自由権を定めた（1968年改正で20条・27条、さらに19条「人格性の尊厳と自由」・32条「国土内の移転の自由」も追加）。しかし、刑法など「法律の制限内で」や「この憲法の諸原則に従って」などの条件（留保）があり、この条件がなくとも憲法の上に位置づけられた社会主義によって自由権は大幅に制限された。国家権力を制限する基本を欠く非立憲的（外見的には自由を看板に掲げる張りぼての）憲法だったといえる。例えば、映画検閲では、ウラン採掘を批判的に描く『太陽を探す人々』（1958年）、教育の不自由を描く『カーラ』（1965年）、労働者・党書記官らの三角関係を描く『石の痕跡』（1966年）が上映禁止になった。近年では『善き人のためのソナタ』『東ベルリンから来た女』（『映画で学ぶ憲法』参照）で監視社会の閉塞した生活が再現される。

沈 黙 の 自 由 ？

本作の邦題がネタバレだとツッコミがありそうだが、「乗った」後は邦題からは不明で、原作よりも映画は鑑賞者の解釈に委ねているので、ここでは物語終盤については沈黙しよう（テオの父と教育大臣との関係、クルトの父と教育権について語りたいけれども）。原題『沈黙する教室』や英訳題『沈黙の革命』ではセガール映画っぽくなるので邦題が良いが、ここは「沈黙」の2つの意味を読み解こう。1つは「黙祷する教室」の意味。動乱犠牲者への哀悼や権力への抗議の意味では「信教の自由」や〔黙示的〕表現の自由」が鍵となる（日本国憲法では20・21条）。もう1つは「黙秘する教室」の意味。教師や行政による思想調査・密告強制・自白強制に対する「思想・良心〔の沈黙〕の自由」や「自己負罪拒否権〔黙秘権〕」が鍵となる（日本国憲法では19・38条）。

とくに思想・良心の自由は、その制限として①特定の考えの強制や禁止、②特定の考えの調査・推知とその結果の不利益、③内心に反する行為の強制などを防ごうとする権利である。さらに憲法教科書でよくいう「沈黙の自由」は、広くは"表現の自由の消極的側面"から、狭くは"排除すべき思想の持ち主を発見するための行為強制の禁止"まで諸説ある。強制の例に『沈黙』（1971年・2016年）で映画化もされた「踏み絵」のような信仰弾圧がある（草加せんべいを踏ませる『翔んで埼玉』（2019年）もあるが、この映画への憲法的ツッコミは野暮だろう）。

本作完成と同時期に急逝された西原博史という、日独のみならず国際的に活躍

した憲法学者がいた（『映画で学ぶ憲法』で『白バラの祈り』『コルチャック先生』解説）。もう彼の黙した肉声は聞けないが、遺した諸著作は次のように語る。「沈黙の自由」自体というよりむしろ、どんな場合、どんな構造で、行為制限が思想・良心の自由の侵害になりうるのかを論ずれば足りる。本作の東ドイツの場合、特定の考え、「革命的な労働者」になって初めて思想・良心の自由が保障され、「反革命的な者」には再教育が強制された。これは日本国憲法の枠組みとは根本的に異なる。しかし、日本の市民性（シチズンシップ）教育が"民主的参加に向けた精神構造の伝達は思想・良心の自由を制限しない"とするならば、東ドイツと共通点を含む。強制する内容こそ両国で違えども、民主主義国の日本で99％の国民多数派が決めたことであっても１人に強制してよいことなのか見極める必要がある（本作終盤では名もなき生徒が教室でクラス多数派と異なり沈黙するかどうか、映像の隅っこにも注目してほしい）。

　本作では、ある父と子が戦時と平時に忠誠か裏切りかで苦悩した。西ドイツの憲法学者ベッケンフェルデ（『映画で学ぶ憲法』で解説した『愛を読むひと』の師）の1969年報告を読み、西原は問う——命を捨てて国を守れと国民に命じる瞬間に、この国は本当に一人ひとりを大切にする国なのか、守る価値があるのか？　この問いを解くヒントになるのは、誇らしく命を懸ける「人格」「人間」の尊厳ではなく、良心的拒否も選べる考えの多様な「個人」の尊厳を尊重する日本国憲法13条である（「集団」ではなく「僕たち」個々人だったと語った原作も参照）。

　同条や前記19条は自由の基礎であり、22条「移転の自由」は経済的自由のみならず精神的自由・身体的自由の性質もある。今、自由が縮む社会を本作を観て想像してほしい。教室はその社会の縮図でありうる。「沈黙」すれども AI に人物評価され、教室やネット社会では黙れ（黙るな）という空気を読む同調圧力が息苦しい（新海誠監督は「人の内心は裁けない」と抗う〔news23 2019年９月４日〕）。それに対し、読者は視野いっぱいに（憲法も）学べる映画館や外国旅へぜひ出発してほしい（脱稿後、ウイルスが移転〔移動〕の自由を蝕むが、病と心の壁を越えてゆける時を悩みつつ希望する）。「早く映画館へ」——当初そういっていたテオは、次第に沈思黙考し、こうもいう——「各人が自分で知って決めなきゃ」と。

（藤井康博）

16 報道の自由と公権力
―――民主主義を守るために

‖『**新聞記者**』藤井道人監督、2019年［日本］

知る権利の行使　米国育ちの若手記者・吉岡エリカは、かつてスクープ記者としてならした父親の自殺の理由を探し求めるように東都新聞に入社した。会社に届いた羊のイラストが描かれた謎の資料をきっかけに、吉岡は、内閣府が計画する医療系大学建設をめぐる疑惑を追いかける。同僚の助言を得ながら取材を進めるさなか、内閣府の神崎俊尚が自殺する。計画は頓挫し、取材も中断を余儀なくされたかのようにみえた。だが、吉岡の信念が神崎の元部下で内閣情報室の杉原拓海を動かす。たどり着いた疑惑の正体と父の死の真実とは―――。

　この映画は、安倍政権下で起きた実際の事件や疑惑をモチーフとした仕立てが話題になった。準強姦事件の容疑者が不起訴となり、被害女性が会見をする場面はフリージャーナリスト伊藤詩織氏の事件、公務員の自殺は、財務省による公文書改ざん事件で上司の指示に悩み自殺した近畿財務局職員の事例、新大学設置は、加計学園の獣医学部新設をめぐる疑惑がそれぞれ下敷きとなっている。

　映画では神崎の自殺後も大学新設の疑惑に迫りたい吉岡と、上司で社会部キャップの陣野和正の意見が対立する場面がある。吉岡が「神崎さんが死んだ理由はこれだけじゃない」と強く主張するものの、陣野は「引き際を考えろ」「いいな、忠告はしたぞ」と念押しする。

　記者には、国民の知る権利を守るため、不都合な情報を隠そうとする公権力に取材で対峙し、報道で追及する職業的使命がある。知る権利は、国や公共団体に妨げられることなく、国民が情報収集を自由に行える権利であり、国会に対し情報の公開を請求することができる。こ

『新聞記者』Blu-ray&DVD 発売中／発売・販売元：株式会社 KADOKAWA／©2019『新聞記者』フィルムパートナーズ

れらは憲法21条で表現の自由として保障されている。

　吉岡と陣野の対立は、現場ではよくある光景だ。一線記者は、対象者に迫ろう
と時にのめり込み、時に当事者や関係者を危険にさらす恐れもある。そこで、
キャップやデスクは、様々な立場や視点からニュース価値を判断し、記事の内容
に注文をつけたり取材プロセスが適正かどうかチェックしたりする。

　さらに、記事を出した場合の訴訟リスクや、取材対象者が後から反論を加えて
きたり証言を翻したりすることに備え、裏付け部分を検証する。国民の知る権利
のためとはいえ、報じられる側の人権などにも十分な配慮が必要であり、実際の
取材現場ではこうしたいくつものハードルがある。

取材現場の葛藤　吉岡は、内調の杉原に取材協力を求めながら、亡くなっ
た神崎の思いに応えたいと説得する。そして、吉岡が真
実に迫ろうとする時、政府・内調の圧力が重なる。吉岡は、記事を「誤報」にし
て葬ろうとする内調の思惑とやり口を知ることになる。

　公権力によって簡単に表現の自由が脅かされることを、映画はわかりやすく浮
かび上がらせた。政府高官が身分を隠したまま吉岡に電話をかけてくるシーンが
ある。現実でも公権力を批判する取材の際は、大小様々な圧力や妨害を受ける。
私も官邸と近い知人から「内調があなたのことをマークしているよ」といわれた
ことがある。この知人を通じて私に「お前を監視しているぞ」と警告メッセージ
を伝えてきたわけだが、ベテラン記者の解説によると内調の常套手段だという。
ただ実際は、政府高官や役所幹部が取材チーム（記者やデスク）に直接連絡して
くることは稀だ。

　映画はまた、記事が記者一人の正義感や熱意だけでは成り立たないことを示し
てくれている。調査報道取材の場合、協力者は内部関係者であることが多い。映
画ではそれが杉原や神崎であり、彼らは公務員だ。いかに内容に公共性や公益性
があろうとも、公務員が告発するのは相当の覚悟が必要だ。自分が直接、不利益
を被るリスクがあるだけでなく、政権全体にまで影響が広がる可能性もある。劇
中での描写は少なかったが、実際の記者はこれらのリスクを取材協力者に丁寧に
説明したうえで、さらに協力者が特定されないような書き方をして配慮する。情
報源秘匿の原則があるからだ。

　こうした「舞台裏」のやりとりやエビデンスを外部に明かすことは、情報源を

たどられて特定されるリスクが高いためできない。読者には報道の内容を信用してもらうしかないという苦しさがある。表現の自由を守るためには、記者個人や新聞社、取材協力者の努力や信念だけでなく、メディアに対する国民の理解が欠かせない。

官僚の抱える葛藤 記者・吉岡と対となる存在が「民主主義とは、正義とは何か」と葛藤を抱えて苦しむ官僚・杉原だ。医療系大学創設の新プロジェクトのミッションを受けていた神崎は、死の直前まで大学計画を止めたかったのではないか——。尊敬する上司・神崎が残したメッセージと、真実を知りたいという吉岡の思いを知る一方、杉原は官僚の立場と自分が守るべき家庭の間で板挟みとなる。

「『責任をとったら面倒をみる』と言われた。国と家族のためだって自分に言い聞かせた。杉原、俺のようにはなるなよ」。最後に酌み交わした酒の席で、神崎からかけられた言葉が杉原の脳裏に蘇る。国民全体の奉仕者である公務員は、自分の保身や省益ではなく、国民の利益を優先する必要がある。実際、杉原は保身を超えた判断を、いったんはした。

現実はどうだろう。時の政権の政治家と官僚の保身のため、面談・会議のメモはとらない。公文書はできるだけ国民の目に触れる前に破棄する。政治家の国会答弁にあわせて中身を書き換える……。そんなことが徹底されている。政策決定プロセスを検証することができなくなるわけで、現在だけでなく未来の国民に対する背信だ。およそ民主国家のやることではない。

公権力と情報操作 内調トップの多田智也は、政権を支えるためにあらゆる情報操作を行い、世論操作を続ける。多田から指示され、文部科学省局長と女性議員との密会スキャンダルをネットで拡散する内調職員が「社会的信用はこれでゼロだな」と呟く。

情報操作で政権の維持、基盤を強化させることができるのであれば、それが「正義」になるというエピソードだが、これも元ネタがある。読売新聞が2017年5月22日に報じた「前川前次官　出会い系バー通い　文科省在職中」の記事だ。前川喜平氏はこの報道の3日後、加計学園の獣医学部新設許可をめぐり「総理のご意向」と書かれた公文書が実在することを会見で証言した。これが内調による仕掛けかどうかはわからない。だが、前川氏の信用低下を狙った動きであること

は明らかだった。その後、複数の週刊誌が実際に関係者にあたり、不適切な行為が全くなかったという証言を報じている。

多田はまた、元記者からの性的暴行被害を訴えた後藤さゆりの弁護士が、野党と繋がっているというウソの相関図を杉原に作成させ、ネットでの拡散を命じた。反発する杉原に、多田は「ウソか本当かを決めるのはお前じゃない、国民だ」と突き放す。この相関図は、伊藤詩織氏が2017年5月に司法クラブで会見した後、何者かによって作成され、ネットで拡散した話が元となっている。

ただ、この図は実際の報道にはほとんど影響を与えなかった。各社が気にしたのはむしろ「不起訴となった人物が特定されるような報道をしない」という事件報道の基本ルールだった。一方で、1.性犯罪被害者が顔をさらして告発するという「重み」、2.元記者が現職首相と近しい著名人、3.一度出た逮捕状が、警視庁刑事部長（当時）の指示で執行を見送られている——という事情を考慮する必要もあった。多くの社は会見の事実だけ短く報じたり、元記者の反論と併記して掲載したりした。東京新聞は社会面の「ベタ」扱いだった。私は当日、上司に記事が小さすぎると抗議した。映画では吉岡が抗議した。

「民主主義は形だけでいい」 劇中、パネリストとして登場する前川氏は「内調は国家体制を守るためにいる。国家体制というのは時の政権を守る。この怖い所は、本来中立で守るべき人達が、私兵化している。警察も検察も完全に支配されている」と解説する。ニューヨーク・タイムズの元日本支局長のマーティン・ファクラー氏は「メディアが生き残れるかという時代になっているのに、昔の状況に戻ろうとしている。メディアがこの時代をどう闘っていくのかそれが見えてこない」と日本の報道姿勢を批判する。

最も観客の印象に残ったといわれる台詞が、多田の「民主主義なんて形だけでいいんだ」だという。現在の日本社会に投げかけられた重いメッセージだろう。政権が長期化し、入管法改正やカジノ推進、水道民営化など、国会審議が不十分なまま強行採決が続く。ところが多くのメディアは萎縮し、政権批判のトーンは低調だ。いま、日本の民主主義が形だけのものになってはいないだろうか。民主主義を守り続けるために、メディアや一般国民が現実の社会をどう捉え、表現の自由、報道の自由、知る権利を「自分事」としてどう考えるのか。映画は多くの人々に問いかけている。

（望月衣塑子）

17　芸術表現の自由

‖『残像』（Afterimage）アンジェイ・ワイダ監督、2016年［ポーランド］

巨匠の遺作『残像』「像として認識されるのは君が吸収してきたものだ。も
のをみると残像が映る。みるのをやめて視線をそらすと
今度はそれが残像として目の中に残る。……人は認識したものしかみていない」

映画の冒頭でこのように郊外で学生達に語りかける登場人物、ヴワディスラ
フ・ストゥシェミンスキは1893年にベラルーシのミンスクで生まれた。第一次世
界大戦で片腕、片脚を失いながらも帝政ロシア末期の前衛芸術運動「ロシア・ア
ヴァンギャルド」に関わり、ポーランドのウッチ州に定住すると独自の理論ユニ
ズムを提唱し多くの抽象絵画作品を生み出した。画家としてのみならず1945年に
は州立造形大学の創設に関わり講義も行っていた。冒頭、彼が学生に野外で講義
するシーンで台詞に出てくる「残像」。映画のタイトルにもなっており、20世紀
初頭に多くの画家が色彩のコントロールのために科学的に検証し理論化を試みた
現象である。ただ台詞の最後「人は認識したものしかみていない」は単にこの現
象を意味しているのか、それともほかに込められた意味があるのだろうか。

この作品を監督したアンジェイ・ワイダ（1926-2016年）の祖国ポーランドは、長
い歴史の中で大国に挟まれその利害関係に巻き込まれて苦難の歴史をたどった国

である。ワイダ監督はとくにナチスドイツ占領下や第二
次世界大戦後のソ連支配下に苦しむ人々、自らの尊厳を
守るために抵抗をやめない人々を描いてきた。『残像』は
そのような彼の創作人生を締めくくる最後の作品である。

**全体主義国家におけ
る芸術統制と芸術家
の自由をめぐる闘い**この映画では芸術家の表現に対
する国家権力による統制とその
中で芸術家の活動の自由、そし
て生存まで奪われていく様子が冷徹に描かれている。

ある日文化大臣が大学を訪れ演説をする。「国家には

芸術家に要求する権利がある。芸術は大衆の要求を満たさなければならない。それが芸術の目的だ。人々の熱意や勝利への信念に疑いを抱かせるな。陰鬱なものを作るな。皆快活に働きたいのだ。」映画はソ連の衛星国として社会主義国家体制の確立を目指す1948年から52年のポーランドが舞台である。ここにおいて採られる文化政策は、芸術家の活動を一元的に管理し、体制のイデオロギー、すなわち社会主義リアリズムを分かりやすく大衆に示した作品以外を排除していくものである。先の文化大臣は「型にはまる危険性などわれわれは心配していない。我々は形式主義をはねつけイデオロギー欠如の芸術を否定する。」と語る。これに対してストゥシェミンスキは「芸術は薄っぺらいリアリズムではない。私なら時代に合う芸術を求めて戦います。芸術は様々な形態を実験する場です。それを求めるものが芸術家なのです。」と答える。そしてこのような態度が社会主義リアリズムの教義を尊重していないとされて大学を解雇されるのである。州の美術館に収蔵される彼の作品のみならず、教え子達の作品も当局から差し向けられた者達に粉々に破壊され、ストゥシェミンスキの研究成果である『視覚理論』の講座も閉鎖されて学問的痕跡は完全に排除される。ポーランド芸術家協会の支部に行き会員証を示して食事の配給権を求めるも協会から除名されたとして拒絶され、その日の食べ物にも困るようになる。もちろん絵の具を手に入れることもできないから作品も制作できない。プロパガンダポスターを描く、という本来の彼なら受け容れ難い仕事も学生の紹介で得るが通報により解雇となり、やっと得たマネキンを装飾する仕事の最中に患った病気を悪化させ結局息絶えるのである。

　個人は全体に従属すべきとする全体主義を採用する国家においてはイデオロギーの相違に関係なく、芸術は芸術家個人の人格的発露などではなく、全体の利益に奉仕するものでなければならないとされる。ストゥシェミンスキもいうように「芸術は現実の見方を支配する」力をもつ。それゆえ権力はこの力をコントロールし利用しようとする。それはこの映画で描かれるほんの10年前の隣の国で行われた芸術政策を思い浮かべれば分かりやすいだろう。1933年に政権を奪取したナチス（国家社会主義労働者党）は政治や社会全体を「ナチズム」というイデオロギーの下に社会のすべてを均質化するために芸術を利用した。本作と同様、帝国文化院（その下にジャンルごとの部局があり、画家など造形作家を管理するのは造形芸術院）に入会を拒絶されたり資格を剥奪されたりすると作品展への出展も制作も

不可能となった。ロマン主義的写実主義に即したドイツ民族を賛美する芸術を奨励し、それ以外の前衛的な芸術、ユダヤ系・スラブ系の作家による芸術を「退廃芸術」として排除し、弾圧した。ストゥシェミンスキと交流があったとして名前が挙がるシャガールもベルリン、パリで活躍していたが退廃芸術家の烙印を押されアメリカに亡命することになる。

憲 法 に よ る
「芸術の自由」の保障
そのドイツのその後に目を向けてみよう。第二次世界大戦後ドイツはアメリカ、イギリス、フランス、ソ連の4カ国によって分割占領され、のちにソ連が占領していた地域と、ほかの3カ国が占領していた地域が2つのまったく政治体制の異なる国家に分かれて歩み始める。前者のドイツ民主共和国（東ドイツ）は「労働者及び農民の社会主義国家」（ドイツ民主共和国憲法1条）であり、ポーランド同様マルクス・レーニン主義を掲げる単独政党により支配されていた。芸術家の表現活動についても社会主義リアリズムによる枠がはめられ、検閲による事前規制や国家保安省（シュタージ）による活動監視により徹底的に統制されていた。この時期が描かれた作品としては『善き人のためのソナタ』（フロリアン・ヘンケル・フォン・ドナースマルク監督、2005年）がある。

これに対して西側のドイツ、すなわちドイツ連邦共和国では第二次世界大戦後に制定され現在も効力をもつドイツ連邦共和国基本法5条において、その1項で「言語、文章及び図画によって自己の意見を自由に表明し流布させる権利」として「意見表明の自由」を、別に3項で「芸術および学問研究および教授は自由である」、として「芸術の自由」を規定した。しかも、2項の定める「一般的法律の規定、青少年保護のための法律上の規定、及び個人的名誉権」による制限は1項の「意見表明の自由」には及ぼされるが、原則として3項の「芸術の自由」に関しては及ぼさないというのが学説、判例の共通した見解である。ただし、「芸術」なら無制限に保障されるということまでを意味するのではない。ドイツでリーディングケースとされる「メフィスト」事件に関する裁判（連邦憲法裁判所1971年2月24日決定）も、芸術の自由は無制約ではなく、憲法自身によって、すなわち憲法上の重要な価値との衡量の上で制約に服することになるとする。ただ、同時に連邦憲法裁判所は芸術の自由で保障される「芸術」の本質を自由な創造的形成にあるとして広くとらえ、その保障の範囲も芸術家の活動のみならず、作品

の展示や流布にも及ぶと確認した。さらにその際に芸術に特殊な視点に考慮を払わねばならないとして厳格な理論構成による判断を下している。なお、ここで問題となった『メフィスト』とは、クラウス・マンの小説のタイトルであり、登場人物がナチス政権の庇護のもと舞台芸術監督の要職についていた人物として描かれていることからグスタフ・グリュンドゲンスがモデルであるのが明らかであるとして、その遺族から人格権侵害が主張されていた。同小説はイシュトバーン・サボー監督によって『メフィスト』として1981年に映画化もされている。

　ポーランドのことに話を戻すと、レフ・ヴァヴェンサ（ワレサ）主導の「連帯」が中心となった民主化運動により、結局ドイツ同様1989年に共産主義体制が倒れ民主共和政国家となった。ちなみにヴァヴェンサの生涯もワイダ監督は『ワレサ　連帯の男』（2013年）で描いている。そして現行のポーランド憲法73条はこう規定する。「何人にも、芸術的創造と学術調査の自由及びそれら結果を公表する自由並びに教授の自由、文化遺産の利用の自由が保障される」ウッチ州立造形大学はストゥシェミンスキの名を戴いたヴワディスワフ・ストゥシェミンスキ美術アカデミーと改名し彼の功績をたたえている。

自由を得るための犠牲を忘れていないか　ワイダはこの映画で芸術家が自由を得るためにどれだけの犠牲を払ってきたかをストゥシェミンスキの抵抗と悲劇的な死を通じてストレートに語っている。我々はこのような無数の犠牲者たちのことを忘れていないだろうか。映画の完成に際して、監督は「これは過去の問題と思われていましたが、今もゆっくりと私たちを苦しめ始めています。」と述べたという。わが国において芸術家の自由は日本国憲法の21条の表現の自由を通じて保障されると考えられている。しかしながら近年起こった芸術祭における展示中止騒動は、自分たちが不快に思う作品をその保障から排除すべきだと信じ込み、そのような作品を国家権力が規制することを歓迎する者がいることを明らかにした。人は自分に都合のよい事実しか認識しておらず、その先に待っている暗い未来、自由が抑圧された世界のことはみていないのである。

（奥山亜喜子）

18　表現者を巻き込んだ政治の喧噪

『**トランボ　ハリウッドに最も嫌われた男**』（Trumbo）ジェイ・ローチ監督、2016年［アメリカ］／『**グッドナイト＆グッドラック**』（Good Night, and Good Luck）ジョージ・クルーニー監督、2005年［アメリカ］

冷　戦　と
「レッドパージ」　1950年代、アメリカでは「愛国心」の名の下にレッドパージ（赤狩り）と呼ばれる共産主義者摘発が行われ、とりわけ映像メディアに対してはこの摘発が執拗に行われた。この摘発行為を憲法違反とみて抵抗した映画人たちは、「ハリウッド・テン」と呼ばれた。その中に、人気脚本家として活躍したダルトン・トランボがいた。『ローマの休日』『エクソダス』『スパルタカス』といった名作を手掛けた脚本家としても知られている。この人物が巻き込まれた社会状況、そしてこの状況の中からこうした名作映画が誕生してきたいきさつを描いたのが、『トランボ　ハリウッドに最も嫌われた男』である。

ブルーレイ：4,700円（税抜）／DVD：3,800円（税抜）／発売・販売元：TCエンタテインメント／©2015 Trumbo Productions, LLC. ALL RIGHTS RESERVED

トランボは、どんなふうに「嫌われた」のだろうか。

彼は、映画人の間で労働組合を作ろうと呼びかけたことから、「共産主義者」として非難を受け、さらに公聴会で証言拒否をしたことによって、議会侮辱罪で有罪判決を受ける。

ハリウッド映画界で起きた「レッドパージ」については、本書の第1集となる『映画で学ぶ憲法』でも取り上げた。そこで取り上げた『真実の瞬間』、『チャーリー』は、アメリカで起きた反共主義を描いた作品だが、一方、東ドイツの舞台芸術家が置かれた状況を描いた「善き人のためのソナタ」、そしてポーランドで起きた出来事を描いた「残像」をみると、冷戦と呼ばれた時期、壁をはさんだ東西の両側で、そっくりな「表現の不自由」

が起きていたことがわかる。

民主主義の基礎体力　1950年代から1980年代の「冷戦期」に人権保障の理論が進展したことは、偶然の一致ではなかった。冷戦の対立ムードの中で、アメリカを中心とする西側陣営は、政治道徳的に優位な立場を得るために、リベラルな価値を体現する人権の《正しさ》を掲げたのだといわれる。この流れの中で現実的にも理論的にも確立の動きが進んだのが、「表現の自由」や「プライバシー」だった。そうした敵対構造の中のマウンティング合戦が現実の推進力だった一面はあるにせよ、結果的に獲得された成果としての人権保障の価値は、手放してはならないものである。

その推進力の実情からすれば、当時、敵に利する言論は「例外」だったことも理解しやすい。この例外思考を克服しなければ、真の憲法上の「自由」が獲得されたとはいえないだろう。

その「例外」は、ニュースメディア、映画、舞台芸術などの世界に及んだ。そうした世界のジャーナリストやアーティストは、社会の大動脈にあたる場所にいる。そこで血行が止まってしまうと、その先にいる一般人にその血行が行きわたらない。その喪失が意識されないまま、「知る権利」や、考え議論するきっかけが失われていく、つまり、民主主義の基礎体力が奪われていくのである。

このことに警鐘を鳴らしたのが、ニュースキャスター「エド・マロー」だった。この人物がキャスターを務める番組「See It Now」が政府批判を行ったために打ち切りとなっていく経緯を描いた作品が、『グッドナイト＆グッドラック』である。

映画冒頭で、1958年10月、番組終了の慰労会でパーティーの主役エド・マローが演壇に登る。「今のテレビ・ラジオ業界に何が起きているかを率直にお話したい。責任は私一人にあります。……」

1953年、マスメディア界にも「レッドパージ」（赤狩り）が及んでいた中で、マローたちは、マッカーシーが主導する反米活動調査委員会の議会聴聞を番組内で取り上げた。この日からマローたちは、政府関係者や新聞メディアから名指しで批判を受けることとなり、スポンサーからの苦情にオーナーも頭を抱える。その顛末が、モノクロの画面で淡々と描かれる。

日本の放送法では、4条で放送内容は「政治的に公平であること」が明記され

ている。この部分は、かつてアメリカの放送にあった「公平原則」（Fairness Doctrine）に倣ったものだが、先にみたような出来事を経験したアメリカではその後、「公正原則」は「萎縮効果」をもたらし、放送事業者の自由な放送を妨げる、との認識が広まり、1987年には廃止されている。

　ただしその後、これが廃止されたことがかえって報道の無軌道化を招き、これが悪しきポピュリズムを加速させた一面も指摘されており、日本でも放送法4条の扱いをめぐって同様の議論が起きている。

表 現 の 足 元　日本では2019年、「あいちトリエンナーレ2019」の一企画「表現の不自由展・その後」の中の映像作品（大浦信行作）が問題視されネット上で炎上し、企画展示が中止になったり、映画作品『宮本から君へ』（2019年）に出されるはずだった文化庁の助成金が取り消しとなったり、「しんゆり映画祭」で上映予定となっていた映画『主戦場』（2018年）がいったん上映中止となり激しい議論の末に上映が実現するなど、映画上映の自由をめぐる問題が噴出した。作品制作にかかる実費や、会場の安全性確保など、表現の足元が脅かされる出来事が連続したのである。

　『トランボ』や『真実の瞬間』、『グッドナイト＆グッドラック』で描かれた状況を見ると、出来上がった表現作品が検閲されたり公開禁止になったりしているわけではない（それがあれば憲法違反となることは誰の目にもわかる）。ここで問題となるのは、表現にたずさわる人々が、《収入を絶たれる》という状況である。ここでも《表現の足元》が奪われていくという問題が描かれている。

　組合を作ろう、という運動も、表現者の労働者としての利益を守ろうという、《足元》の問題である。『トランボ』では、彼らが攻撃され失脚していった真の原因は、政治イデオロギーよりも、ハリウッドの上層部に位置する一部の業界人にとって彼の労働運動が目障りだったからだったことが示唆されている。

　これは「国家の安全」というお墨付きを得て行われた、業界内の《労働運動叩き》だったのだ、という見方は、たしかに説得力がある。だとすると、映画のラストシーンでトランボが語る、無益なことにどれほどの犠牲が払われたのか、という問いかけは、ますます深い苦渋を帯びる。

　現在のアメリカの映画産業界は、この問題をかなりの程度乗り越えているようで、組合を通じた横のつながりがかなり確立しているといわれている。視聴者の

人気とスポンサーの支援に支えられている表現者たちは、だからこそ、実力・人気における競争・勝敗と、労働者として甘受すべきでない不当な扱いとを弁別し、後者の問題については助け合うことが必要になることを学び自覚しているわけである。

　日本でも、こうした萎縮を乗り越えてきた人々の物語を共有することには、大きな意味があるだろう。

50 年 の 時 間 が 意 味 す る も の　映画関係者がこの流れの中で萎縮していく事情は、映画『追憶』（The Way We Were、1973年）にも描かれている。『追憶』の中では、社会の流れにうまく沿っていくことを選んだ作家（最終的にはテレビ脚本家になっていく）ハベルと、その流れに疑問を呈することをやめない女性ケイティの物語が描かれる。これは一組のカップルの恋と結婚と離別の物語になっているが、そこに託された真の物語は、表現者たちの「分かれ道」だったのではないだろうか。映画のラストで、ハベルたちが、彼女は美しかったとつぶやくが、その「美」とは何だったのだろうか。成功者の道を選んだ男たちの懐古の微笑みの中には、語ることのできない罪責感がにじんでいるようにみえる。

　この問題を抑制のきいた夫婦物語として描いた『追憶』、人物の実名は出さず「創作」を施して事実をずらした「真実の瞬間」に対し、『トランボ』や『グッドナイト＆グッドラック』では、起きた出来事を、実名を使ってはっきりと直接的に描いている。

　アメリカでは「情報自由法」によって、50年を経過した情報は公開される。FBIなどの諜報機関が収集していた情報も、これによって知ることができる。これらの最近の作品も、直接・間接にその支えを得たところがあるだろう。本書でも取り上げた『グローリー　明日への行進』（→本書**13**）は、開示された情報を画面中に使い、この集会が当時のアメリカの諜報活動の中では「煽動」という言葉で把握されていたのか、という重層的な仕立てを成功させている。こうした作品が出てくるには50年、60年という時間が必要だったことを考えると、「表現の自由」の確保というものは、世代をまたいだ息の長い営為なのだと、あらためて思わずにいられない。

（志田陽子）

19 「これがアートだ」

——承認欲求の果ての希望とヘイト

『アドルフの画集』（MAX）メノ・メイエス監督、2012年［ハンガリー・カナダ・イギリス］／『否定と肯定』（The Denial）ミック・ジャクソン監督、2016年［イギリス・アメリカ］

合わせ鏡の2人　「戦争から帰ってみると、家族も両親も婚約者も、すべて失っていた。私に残ったのは、自分は芸術家だという自信だけだった。」画家を目指しているという貧しい青年が、画商を営む裕福な青年実業家に語る。貧しい青年の名はアドルフ・ヒトラー。画商の名はマックス・ロスマン。マックスは偶然出会ったこの青年に、発掘すべき才能があるのではという思いから、助言と支援を始める。

　このアドルフが後にナチス・ドイツを率いることになる「アドルフ・ヒトラー」であることは随所で匂わされているが、物語はとくに史実に基づいているわけではない。これは1つの仮説として描かれた人物像である。一方、マックスは完全に架空の人物で、当時のヨーロッパ社会の中で成功と尊敬を得ていたユダヤ人を絵に描いたような人物である。洗練されたマナーと少々不良っぽい茶目っ気ぶりで、同性からも異性からも一目置かれ、慕われている。彼も第一次世界大戦で右腕を失い、画家になる夢を絶たれたことで、人知れず心の闇を抱えている。

アドルフは何をしたのか？　貧しいアドルフは、軍隊で一兵士としての仕事をこなしながら、絵を描き続けている。そのアドルフに演説の才能があることに、軍の上官たちが目をつける。

　「演説の中身は空虚ですね」。彼は、だからこそ、上官たちの目に留まる。

　話の中身はなんであれ、無心に没頭できる充実感と承認欲求とが同時に満たされる瞬間があるとしたら、人間にとって、これほど幸福なことがあるだろうか？そのアドルフの自己陶酔をマックスは冷ややかに突き放し、芸術の道に戻れと促し、画家と画商の関係を確立しようとする。

　アドルフは、マックスの助言を受け入れて孤独と闘う芸術家の姿と、聴衆の喝采を求めて「ユダヤ人」への憎悪を叫ぶ扇動者の姿に、分裂していく。——《我々》を貧困に追いやっているのは、富の不正な吸収と集中を引き起こして《彼ら》だ。《彼ら》が我々の社会を汚染している社会の寄生虫だ。寄生虫は駆除するべきだ。——

　アドルフは演説をしただけである。アドルフは自己の承認欲求に忠実にふるまっただけである。しかしこの物語は、２人の青年の自己修復をめぐるドラマにはおさまらなくなっていく。

　人々の心を動かすことに成功したアドルフは、自分が何をしたのか知らないまま、自分の作品が詰まった画集を抱えてマックスを待ち続ける……。

ヘイトと否定論、修正主義

社会的に優位にある者が、弱い立場にあるものを「○○のくせに、平等に振る舞おうとするな」と叩くのが従来の差別、従来のヘイトだった。しかし今、世界を見渡すと、ヘイトのモードが変化している。「彼らは不当に優遇されている」、「こちらこそ被害者だ」。そして、その１つのバリエーションとして、「彼らの主張、彼らのマイノリティ性を支えている歴史的根拠は、嘘だ」という歴史修正主義がある。ドイツでは、「ホロコーストはなかった」との説を喧伝することは、この観点から禁止されているが、アメリカや日本では、法はそこにはノータッチである。

　映画『否定と肯定』は、この前提の中で起きたホロコースト否定説をめぐる裁判を描いた作品である。否定説を唱える学者アーヴィングを激しい言葉で論難した学者リップシュタットが、アーヴィングから名誉毀損の訴えを受ける。リップシュタットは自分の論難が真実であることを証明するためにアーヴィングの唱えている説が学究調査による裏付けをもたないこと、むしろアーヴィングの差別思想から発した言葉であることを明るみに出そうと奮闘する……。

ヘイトスピーチの害と法政策

人種や民族、国籍や性別、性的マイノリティ性をターゲットにした排撃的な表現や差別扇動的な表現は、今日、ドイツやフランス、アメリカのいくつかの州などで、法律によって禁止されている。また、人種差別撤廃条約では、国際社会の共通の目的として人種差別をなくすこと、その一環としてヘイトスピーチを規制することを呼びかけている（条約の第４条）。ヨーロッパ圏の国々が、なぜヘイトスピーチを処罰の対象とし

ているのか、それによってどういう事態を防ごうとしているのかは、この作品や、ルワンダ虐殺事件を描いた映画『ホテル・ルワンダ』（2004年）をみると、理解できるだろう。その前提が理解できてはじめて、『否定と肯定』で描かれた裁判の歴史的意義も理解できると思う。

　日本でも、在日外国人へのヘイトスピーチが横行するようになり、裁判としては2014年に京都朝鮮学校事件への司法判断が確立している（2014年12月9日最高裁第三小法廷決定）。こうした流れを受けて2016年に、「本邦外出身者に対する不当な差別的言動の解消に向けた取組の推進に関する法律」（通称「ヘイトスピーチ解消法」）が制定・施行されている。

　すべての人の「人としての権利」を守るためにも、また民主主義が正常に動く社会であるためにも、法の下ではすべての人が平等に扱われる必要がある。これを掘り崩すような言論は、社会全体が自戒すべきものだ、というところまでは、法に関心をもつ人ならばだいたい認めている考え方だろう。

　問題は、そうした「ヘイトスピーチの害」の解消を、憲法21条の「表現の自由」の精神を信頼して、言論空間の中の自助努力に求めるか、法によって強制的に「アウト」とするか、である。日本の2016年「解消法」は、その中間地点に位置している。これには肯定的な評価をする論者と、「これでは実効性がない」とする論者がいる。そして、川崎市のように状況が具体的で深刻な地域では、罰則を付けた条例が可決され、今後の運用がどうなるか注目されている。

　憲法14条は、国に対して差別を禁止している。この禁止は、国や自治体などの公権力が「差別をしない」ことで満たされるのか、それとも、一般社会の中の差別（私的差別）を克服するための政策をおこなう責務を国に負わせているのか。人種差別撤廃条約が各国に求めているのは、後者である。

凡庸な何かの発芽

『アドルフの画集』の面白いところは、《言葉の空虚性》という主題とともに、青年アドルフがどこまでも凡庸な青年として描かれていることだろう。彼が刹那の承認欲求にかられて「これがアートだ！」と叫ぶ図は、今の日常の中に無数にありそうである。そう、このメンタリティは、多くの人から閲覧数を得たい、「いいね」が欲しいと夢中になって次第にヘイトスピーチや誹謗中傷表現にはまっていく、今日の多くの淋しがり屋な人々と変わらないのである。

　そして芸術に希望を見出そうとしているという一点だけは一致しているアドルフとマックスが「芸術とは何か」を探索する姿は、美的でさえある。ヒトラーを、こんな風に描いていいんだろうか？

　それこそが、この映画の《挑戦》であり《問い》だろう。あのヒトラーなる人物の姿は、社会の空気によって生み出されたホログラム映像のようなものだったのだとすれば、そんなホログラムを生み出していたのは誰だったのか？という問いが、私たち自身に向けられてくるからである。これは哲学者ハンナ・アーレントが投げかけた問いである。このために、アーレントが当時のドイツ社会から叩かれることになった経緯は、映画『ハンナ・アーレント』（→本書 **7**）に描かれている。

　この作品は、このような視点から、大きな歴史ドラマではなく、小さな人間ドラマとして、《怖さ》の発芽のところを描いている。この作品中のアドルフは、いわゆる「痛い」存在である。この痛さを、混ぜ返しも諧謔もまじえずに正面から描いてみせたところにこの作品の眼目がある。一方、『帰ってきたヒトラー』（2015年）は、ユーモアと脱構築的な文脈外しと再接続で、みる者を笑わせながら、その芽は21世紀の私たちの中に十分にあることに気づかせてくれる。作中で製作されていく映画は、アートになるのか、それとも《怖さ》の発芽なのか…？私たちは、その《怖さ》を歴史の教訓として真摯に認識できてこそ、これを楽しむことができる。と同時に、その認識が安易な言論規制に傾けば、さらに息苦しい社会を招くこととなる。法の議論は、その両方に目配りをしながら歩を進めなくてはならない。

　アメリカ南部の憎悪暴力の凄まじさを正面から扱った映画に、『ミシシッピー・バーニング』（1988年）がある。その中で、ジーン・ハックマン演じる捜査官が、黒人を憎み排斥した父親について語る。そしてぽそりという。「おやじが憎んだのは貧乏だった」と。ここには、ドイツの刑法学者フランツ・エードゥアルト・フォン・リストが残した法格言が重なって聞こえてくる。「最良の刑事政策は最良の社会政策である」。ヘイトの克服についても、同じことがいえるのではないか。

（志田陽子）

20　スポーツと人権

『ザ・ハリケーン』（The Hurricane）ノーマン・ジュイソン監督、1999年
［アメリカ］／『**42　世界を変えた男**』（42）ブライアン・ヘルゲランド監
督、2013年［アメリカ］

**スポーツの
シンボル的価値**　スポーツは、時として人々を統合する力や、何かを象徴
するものとして用いられる場合がある。例えば、オリン
ピックや様々な競技のワールドカップなどは、その代表例だろう。ここで紹介す
る映画『42　世界を変えた男』では、野球が民主主義を象徴するスポーツである
ことに言及される。野球というスポーツが、人種・宗教・政治政党の違いにとら
われない、国を代表するスポーツとして紹介されるのである（その後に、第二次世
界大戦後直後のアメリカでの、メジャーリーグには白人、ニグロ・リーグには黒人という
人種差別の実態が述べられる）。

　このような主義だけでなく、スポーツの政治利用の問題が、近年指摘されてい
る。つまり、スポーツを政治的に利用すること自体を慎むべきだという指摘であ
る。確かに、スポーツが政治的に利用されることによって、スポーツの公平性に

歪みが生じることは避けられなければならない。しか
し、『インビクタス　負けざる者たち』（2010年）のよう
に、ラグビーワールドカップ優勝に向けて結成された白
人と黒人の混成チームが両者の融和の象徴として描か
れ、人種の違いを超えた1つの国家に属する者としての
意識を醸成する一助となった例もある。政治的な問題の
克服にスポーツが良い意味で一役買った例といえるだろ
う。

人権とスポーツ　憲法が保障する権利とスポーツ
との関連を意識することは、あ
まりないだろう。政治とスポーツとの関連性や相互利用

がしばしば指摘される一方、法の領域とスポーツとは、切り離されて考えられることが一般的である。しかし、実際には、スポーツは法と密接に関連している。例えば、義務教育における体育の正課授業は、教育基本法や学校教育法との関係を無視しては考えられないし、スポーツにおいて発生した事故では、損害賠償や、場合によっては刑事罰の問題へ発展することもある。

刑事罰の問題は、刑法などと関連し、損害賠償の問題は、例えば民法が規定する不法行為規定（民法709条）や国家賠償法などが関わってくる。また、スポーツは、憲法とも密接な関連を有している。例えば、プロの選手として活動することや、国際的に活躍する選手が国内外を問わず移動することは、憲法22条で保障されている職業選択の自由や居住・移転の自由といった権利の行使として理解される。加えて、スポーツを通して自らの考えや思想を表現することは、憲法21条が保障する表現の自由と関係するといえるだろう。しかし、そこで表現される内容や表現の手段によっては、法的または政治的な問題へも発展しうることに留意しなければならない。

憲法的な観点から『ハリケーン』と『42』をみる場合、憲法14条が規定している平等原則を外すことはできない。平等原則により、合理的な理由のない、不合理な差別は憲法違反となる。『ハリケーン』も『42』も、人種差別が当然のように存在したアメリカ社会が舞台（前者は公民権運動が活発化した1960年代、後者は1940年代後半が主な舞台）となっており、憲法が要請する「平等」との矛盾が強調されるのである。『ハリケーン』は、人種差別的な意識が原因となって引き起こされた実際の冤罪事件が基になっている。「黒人＝悪人」という根拠のない差別意識に基づき、白人のみの陪審員によって裁かれた天才ボクサーの主人公ルービンは、法による助けを得られず、殺人事件の犯人として約30年間の刑務所生活を強いられる。そもそも、ルービンと因縁をもつ白人刑事が殺人事件の捜査を指揮していたこともあり、事件の捜査は、刑事の個人的な恨みと黒人への差別意識を反映したものだった。公平な裁判を受けられないことは、憲法が保障する適正手続き（31条）に違反するものであり、加えて、冤罪により刑務所生活を強いられることは、人身の自由を侵害するものといえるだろう。ルービンは、時に挫折しそうになりながらも刑務所の中で「正義」を信じ、再審を請求するのである。その結果は、是非映画をみてほしい。

人種差別問題は、黒人メジャーリーガー、J・ロビンソンを描いた『42』でも主要なテーマとなっている。この映画では、「白人専用」トイレや、野球場の「有色人種用」入口など、ジム・クロウ法が存在した当時のアメリカ社会やMLB内でのロビンソンに対する差別の描写がある。これらの差別に対し、彼は選手としての実績を示すことで対峙する。なお、彼とドジャースのオーナーでロビンソンを支える白人のリッキーとのやり取りは、この問題に関して示唆に富んでおり、注目してほしい。ジェンダー問題への取り組みも、スポーツ界の今後の課題だろう。例えば陸上のセメンヤ選手の問題は、競技の公平性の確保と性差別問題との複雑な関係を浮き彫りにした。

スポーツ権　2011年に制定されたスポーツ基本法は、「スポーツ政策における憲法」と位置づけられ、スポーツに関する基本理念などが規定されている。その前文には「スポーツを通じて幸福で豊かな生活を営むこと」が「全ての人々の権利」であると明記され、第2条ではスポーツを通じて「幸福で豊かな生活を営むこと」が「人々の権利」だと規定された。この部分が、いわゆるスポーツ権の規定であるとされる。

「スポーツ権」は、具体的な定義が定まっているわけではないが、概ね、「スポーツをする、みる、支える権利」であると同時に、「スポーツをしない、みない、支えない」権利も内包する、憲法上の権利であると主張されている。スポーツ権の憲法上の根拠として、教育を受ける権利（26条）、生存権（25条）、個人の尊厳（13条）が挙げられる。この権利から2つの作品を考えると、人種差別により個人のスポーツ権が侵害されているということになろう。

しかし、憲法学の領域において、このスポーツ権は、議論の対象になっていないのが現状である。その理由として、1）この権利の具体的な内容が不明確であること、2）既存の権利保障の枠組みを用いることで、スポーツに関連する諸問題に対応可能であること、3）スポーツ権の裁判規範性について疑問があることが挙げられる。

ドーピング　スポーツ界全体が長年にわたり撲滅に努めてきた問題が、ドーピングである。世界アンチドーピング機構（WADA）が定めるドーピングの定義は広範で、11項目にも及ぶ。例えば、指定を受けた競技者が自分の居場所について届出を怠ることや、禁止物質の使用を企

図するだけでもドーピングとなる。競技者以外の関係者が、競技者に禁止物質を投与する又は投与する企てをした場合などもドーピングとなる。なお、禁止物質や禁止方法については、毎年 WADA がリストを公表している。

　ロシアの国家ぐるみのドーピング隠ぺい事件がオリンピックとも関連して大きな注目を浴びたが、ドーピングの問題を扱った映画としては、ツールドフランスで7連覇を達成したアームストロングを題材にした『疑惑のチャンピオン』（2016年）や、女性ロードレーサー、ジュヌヴィエーヴ・ジャンソンをモデルにした『レーサー　光と影』（2014年）をみてほしい。『レーサー』では、禁止物質の使用を WADA に疑われた主人公ジュリーが、薬物使用から抜け出せない一方で、周囲や仲間から疑惑の目を向けられることによって精神的に追い詰められていく様子が描かれている。このジュリーの姿は、鬼気迫るものがある。それをみると、ドーピング違反が露見したら、記録抹消やメダルはく奪、競技からの永久追放などの制裁が科される可能性もあるのだから、最初からドーピングをしなければいいと考える人もいるだろう。しかし、周囲の期待と自分自身の中にある勝利への執念を前に、ドーピングをする競技者も実際に存在するのである。また、旧東ドイツの陸上選手のように、知らないまま禁止物質を投与され続けた結果、ホルモンバランスが崩れて性転換手術を受けた例もある。ドーピングは、競技者個人の尊厳を傷つけるものでもあることを忘れてはいけない。

　近年、ドイツをはじめとした諸外国ではドーピングを犯罪化し、刑事罰を科す法制度を設けている。日本は、2018年にドーピング防止活動推進法を制定した。この法律では、国際大会や全国レベルの大会に出場する競技者を対象に、国・地方公共団体、及び各競技団体が協力してドーピング防止活動を進めていくことが規定されている。なお、ドーピング違反に対して刑事罰を科すか否か議論が分かれたが、見送られた。この点は、今後の日本の課題となる。

（中村安菜）

21 著作権と憲法

——文学作品の映画化をめぐる人間ドラマと法律問題

『**ウォルト・ディズニーの約束**』（Saving Mr. Banks）ジョン・リー・ハンコック監督、2013年［アメリカ・イギリス・オーストラリア］

映画『メリー・ポピンズ』ができるまで　この映画は、1964年公開のディズニー映画『メリー・ポピンズ』ができるまでの舞台裏を描いた作品である。2018年にも続編映画『メリー・ポピンズ　リターンズ』が製作されたのが記憶に新しいが、映画『メリー・ポピンズ』はイギリスに住む作家パメラ・L・トラヴァースの児童文学『メアリー・ポピンズ』を原作としている。ウォルト・ディズニーは娘が愛読していたこの文学作品を映画化したいと、長年原作者にオファーを送っていたが、なかなか首を縦に振ってもらえなかった。しかし次第に経済的に困窮するようになった原作者は、ついにウォルトのいるカリフォルニアを訪れ、映画化に向けた交渉を始める。

経済的利益を守る著作財産権　そもそもなぜ、映画化に原作者の許可が必要なのか。日本法に置き換えて考えてみると、文学作品の著作者である原作者は、著作物を創作した時から、その著作物に関する著作権を手にする。「著作権」と一口にいっても、大きく分けると「著作財産権」と「著作者人格権」という、性質の異なる２つのタイプの権利が含まれている。そのうち前者の「著作財産権」は、著作権者が著作物から経済的な対価を得られるようにする権利のグループである。著作物の無断複製を禁止する複製権（著作権法21条）を中心に、インターネット等で公衆に著作物を送信する行為を禁止する公衆送信権（同23条）などの権利が含まれるが、その中でも、小説の映画化に関しては、無断で翻訳や脚色、映画化するのを禁止できる「翻案権」（同27条）が関わってくる。こうした排他的権利があるおかげで、著作者は独占的に自分で著作物を活用したり、他人に利用を許可する代わりにその交換条件として経済的対価を要求したりすることができる。著作権法は著作財産権を定めることで、著作者がそれを使って経済的利益を生み出すことを可能にし、創作活動のインセンティヴ（やる気）

を与えるという仕組みを採っているのだ。

ディズニー社は世界中の物語をアニメ化するのを得意としているが、グリム童話（『白雪姫』〔1937年〕）や千夜一夜物語（『アラジン』〔1992年〕）、ギリシャ神話（『ヘラクレス』〔1997年〕）のように、著作権のない、もしくは満了した作品（パブリック・ドメインという）を映画化するのに著作権は問題にならない。問題は、著作権が存続している作品を映画化する場面である。その場合、権利問題をクリアにしなければならない。

原作者が突きつける
様々な要求
ところがメリー・ポピンズの映画化プロジェクトは一筋縄ではいかない。原作者は作品に強い思い入れがあり、映画化にあたってディズニー側に様々な条件を突きつける。あのディズニーに対して、「メリー・ポピンズは歌など歌わない！」、「なぜアニメのペンギンが出てきて踊るのか！」と、ミュージカルにしたりアニメーションにしたりすることに断固反対し、ディズニー側を困惑させる。原作を勝手に改変するなという要求は細部にわたり、「（登場人物の）バンクス氏には髭を生やすな」、「画面に赤色を使うな」など、難癖とも思える注文を次から次へと繰り出してくるのだ（実はこれには理由があったのだが……）。

それでも、ウォルトの粘り強い交渉とカリフォルニアでの様々な体験などで、次第に原作者の態度は軟化していき、最終的には折れる形となった。このような紆余曲折の末に生まれた映画『メリー・ポピンズ』は皮肉にも、アニメと実写が融合した、名曲の数々に彩られるミュージカル映画として大ヒットし、アカデミー賞を5部門受賞、長くにわたって人々に愛されることになる。結局、原作者が当初主張していた多くの要求は反故にされてしまったので、映画の出来に原作者は複雑な思いを抱いていたようだが。

人格的利益を守る
著作者人格権
それでは、このような著作物の改変に原作者は法的にノーといえるのか。これを日本法に置き換えてみると、「著作者人格権」の一種で、著作物を著作者の意に反して改変されない権利である同一性保持権（著作権法20条）の問題と捉えることができる。著作者人格権とは、著作物には著作者の人格が化体しているという発想に基づいて、著作者が著作物に対して抱く愛着やこだわりといった、人格的な利益を守る権利のグループである。米国は長らく著作者人格権の保護に消極的だったこともあり、本作では

あまり問題になっていないが、日本の著作権法では同一性保持権の他にも、公表権（同18条）や氏名表示権（同19条）等が定められている。

　劇中、「メリー・ポピンズとバンクス一家は私の家族なのです」という原作者のセリフがある。実は原作小説には、原作者の今は亡き父親の思い出が色濃く投影されていたのだ。著作者の著作物に対する強い思い入れが如実に現れた発言であるといえよう。それに対しウォルトも「あのネズミは私の家族だ」とミッキーマウスのことを語るシーンが象徴的である。メリー・ポピンズを最高の形で映画化して娘を喜ばせたいという父親としての思いと同時に、彼自身もクリエイターとして、著作者が著作物に対してもつ思い入れは十分に理解できるということなのだろう。性格も考え方も正反対の２人のクリエイターが、創作や作品にかける思いという共通項から次第に心を通わせていくところが、本作の一番の見所のように思われる。最初はもっぱら経済的利益のために動き始めた映画化プロジェクトが、次第に作品への思いやクリエイターとしての誇りといった人格的利益をめぐるドラマになっていく点が、著作権法の視点からみても興味深い。

著作権と憲法の関係　このように、著作権は単なる経済的な財産権に収まりきらない、人格的利益も守るという特殊な性質を有している。また、「文化の発展」（著作権法１条）という政策目的を実現するために国家が人工的に設定した権利に過ぎないという見方もある。その意味で、著作権が天賦の「人権」といえるのかには争いがある。著作権の憲法上の位置づけに関しては、財産権（憲法29条）の一種であるとする説のみならず、幸福追求権（憲法13条）、とりわけ文化を享受する権利に著作権の根拠を求める考え方や、著作権それ自体が長い目で見れば表現の多様化を促進しているという意味で憲法21条の表現の自由に関わっているという考え方などが唱えられている。

　そして、仮に著作権が「人権」の一種であるとしても、著作権にはもう一つのより重要な憲法問題がつきまとう。それは、表現の自由などの他の権利との関係だ。

　著作権法は、創作行為や著作物の利用に直接的な影響を与える法律であるため、表現規制立法の一つと位置づけることができる。著作権法で規定される権利のあり方が、後のクリエイターの自由な創作活動に直に影響を与えるものであるということは、原作者に振り回されるウォルトの様子をみれば明白であろう。近

年では日本でも、著作権と表現の自由や知る権利、報道の自由、通信の秘密といった憲法上の権利との抵触関係が活発に議論されるようになってきている。例えば「漫画村」などの海賊版サイトのブロッキング（通信の遮断）は、一見すると著作権を侵害する悪質な海賊版サイトが利益を上げることを阻止する有効な手段のようにも思われるが、インターネット・サービス・プロバイダが私達の通信の内容に介入することは、通信の秘密を侵害するのではないかという懸念があり、慎重な議論が続いている。

　著作権は経済的な旨味が大きく、とくにそれによって多大な利益を生み出している映画スタジオや出版、音楽業界はより強い、より広い権利を欲する傾向がある。しかし、著作権が強力な権利になればなるほど、後のクリエイターが自由に表現できる余地は制限されていく。著作権を強く厚く保護すれば創作のインセンティヴがますます刺激され、それだけ世の中にたくさんの作品が生まれるかというと、そう単純な話ではなく、かえって、民主主義社会で最も重要な基本権の一つである表現の自由を窒息させかねないというのが、著作権政策の難しいところである。

　もっといえば、今日の著作権法は、著作物を自由な形で楽しみたいというユーザーの利益にも広く関わっている。デジタル技術、インターネット技術の発達のおかげで著作物の複製、頒布コストが格段に下がったことで、世界中の作品に触れ、味わい、複製し、加工し、あるいは自分で作品を作って、発信・共有することが日常茶飯事となったからだ。ウォルト・ディズニーのように立派な映画スタジオをもっていない一般人でも、今やかなりクオリティの高い動画を、スマホで撮ってアプリで加工し、SNSで全世界に公開することができる時代である。もはや、著作権法は一部のプロのクリエイターのための法律ではない。私達の日常の表現活動やコミュニケーションに関わる法律といえるのだ。

　著作権政策を考える際には、権利者の財産的、人格的利益だけでなく、利用者の表現の自由や社会全体の文化の発展といった多角的な視点に立つことが求められる。創作とは何か、著作権は何のためにあるのか、そして文化の健全な発展にとって著作権と表現の自由はどのようなバランスで共存すべきであるか、この映画をみながら考えてみてはどうだろうか。

（比良友佳理）

22　自由、隷従、そして再び自由へ

――アメリカの奴隷制は過去の話だろうか？

『**それでも夜は明ける**』（12 Years a Slave）スティーヴ・マックィーン監督、2013年［アメリカ・イギリス］

自由を奪う鎖の音　1841年、ある男の自由が奪われた。彼がそれを取り戻したのは約12年後の1853年だった。この映画は、かつて自由だった男が奴隷生活を送り、また再び自由を手にするまでの実話を映像化したものである（原作は Solomon Northup, Twelve Years a Slave〔Deeby and Millee, 1853年〕；ソロモン・ノーサップ〔小岩雅美訳〕『12イヤーズアスレーブ』〔花泉社、2014年〕）。

　奴隷制が廃止されていたニューヨーク州で、料理の上手な妻と2人の子どもと暮らすソロモン・ノーサップ。彼はいわゆる「自由黒人」であり、また、バイオリンの名手であった。ある日、そんな彼のもとに見知らぬ2人の白人が訪ねてくる。ワシントン D.C. でひらく興行でバイオリンを弾いて欲しい、きちんと報酬も支払うと2人は話を持ちかける。ソロモンは承諾し、彼らと一緒にワシントン D.C. へ向かう。

　興行は成功し、3人はともに祝杯をあげる。ソロモンは2人から勧められるままに酒を呑み、予想以上の報酬を提示されて感謝した。

　しかし、翌朝、ソロモンは暗闇に響く鎖の音で目を覚ます。それは彼の自由を奪う音であった。興行を持ちかけた2人の白人が奴隷商人に彼を売ったのだ。ソロモンは自分が奴隷ではなくニューヨーク州に住む自由黒人であることを必死に訴える。しかし、その声は届かず、彼の身体に鞭が振るわれる。そして、ここから奴隷としての12年間がはじまる。

　ソロモンは他の奴隷たちとともにワシントン D.C. から南部のルイジアナ州ニューオーリンズまで移動し、そ

こでプラットと名付けられる。ソロモンという名前が奪われたのだ。この地で彼ら奴隷たちはまさに市場に並ぶ「商品」として奴隷主たちに売られる。プラットはフォードという奴隷主に買われた。

　フォードの製材工場でプラットは持ち前の聡明さを発揮し、その働きは奴隷主にも認められていた。しかし、フォードは借金を抱えており、その返済のためにプラットを別の奴隷主エップスに売る。エップスは暴虐な奴隷主で、プラットやお気に入りの女性奴隷パッツィーに激しく鞭を打つ。

　そんな生活を送る彼の心の奥底には「自由になって家族に会いたい」という願いがあった。そのために彼は、奴隷であることを演じようと割り切り、自由になるチャンスをうかがっていた。ある日、プラットはカナダからやってきた奴隷制廃止論者のバスと出会い、彼に自分がここで奴隷となっていることを故郷の家族に伝えて欲しいと頼む。バスに託したメッセージは彼の家族に届くのか。まずは最後まで味わって欲しい。

建国の理念と奴隷制の矛盾

昔、アメリカに人種に基づく〈奴隷制〉が存在したことはよく知られている。黒人たちが奴隷にされ、白人の奴隷主が鞭を振るう。そんなイメージが一般的だろう。ところが、このような一般的なイメージよりも、実際の奴隷制はかなり複雑な背景をもつ制度であった。

　そもそも、アメリカに黒人が奴隷として最初に持ち込まれたのは1619年だといわれている。アメリカが1つの国としてイギリスからの独立を宣言したのは1776年であり、アメリカ憲法を制定したのは1788年である。つまり奴隷制は、アメリカ建国の150年以上も前から存在していたのである。そして奴隷制が廃止されたのは、アメリカ憲法修正13条が制定された1865年であった。すなわち、1619年から1865年までの約245年間も黒人たちは奴隷とされていたのである。

　もっとも、これほどまでに長い寿命を保った奴隷制ではあるが、それは建国の理念と奴隷制との妥協の産物であった。独立宣言では「何人も生まれながらにして平等であり、造物主によって生命・自由・幸福追求を含む譲り渡すことのできない権利を与えられている」ことを「自明の真理」として信じる、と高らかに建国の理念をうたいあげていた。

　現代の私たちにとって、ここでいう「自明の真理」と奴隷制が矛盾していることは明らかであろう。黒人であるというだけで奴隷化することが認められるのは

平等に反するし、奴隷化されることによって自由が奪われるからだ。独立期にも
この矛盾を指摘する声があり、当時の13邦のうち北部の５邦が奴隷制を廃止して
いた。後に「自由州」と呼ばれることになるこれら地域では、黒人奴隷たちは解
放され、「自由黒人」と呼ばれていた。ただ、他の南部の８邦は依然として奴隷
制を認めており、自由州と奴隷州、自由黒人と奴隷という相反するものが１つの
国としてまとめられていたのである。

奴隷制を保護する その後、1787年にアメリカ憲法が作られるが、その制定
時にも奴隷制が問題となった。アメリカ憲法の前文には
「自由の恵沢を確保する」ことが憲法制定の目的であると示されている。この目
的を考えると、奴隷制を認めることは難しいだろう。

　しかし、上でみたように、南部にはすでに奴隷制が存在し、南部の経済システ
ムに組み込まれていた。北部からはこの憲法の下で奴隷制を廃止すべきだという
意見もあったが、南部からは廃止すべきではないという反論も強く出されてい
た。その結果、アメリカ憲法では妥協が図られ、その結果、「奴隷制」という言
葉を使わないものの、実際には奴隷制を保護するいくつかの条文が盛り込まれて
しまう。

　たとえば、アメリカ憲法４条２節のいわゆる〈逃亡奴隷条項〉というのがその
１つである。これは、ある州に住む「労役に従う義務がある者」が別の州に逃亡
したとしても、その義務から解放されるわけではなく、その者を働かせる権利を
有する者に引き渡されなければならないとする条項である。ここでは「奴隷」が
明示されていないものの、奴隷が自由州に逃げたとしても自由人にはならない
し、その逃亡奴隷を取り戻す権利を奴隷主に保障することが実際の狙いであっ
た。

　また、アメリカ憲法１条９節は、連邦議会が人の「輸入（importation）」を1808
年まで禁止してはならないとも定めている。ここで意識されているのは、奴隷貿
易である。少なくとも憲法制定から20年間に限って海外から奴隷を輸入すること
は認めるけれど、それ以降は禁止する可能性が妥協として残されたのであった。
こういった形で、実は、アメリカの奴隷制は憲法によって保護されていた。

奴隷主と奴隷 この映画をみて奴隷主と奴隷の関係性、とくにフォード
とプラットとの間の信頼関係は意外だったかもしれな

い。

　プラットを殺そうとするティビッツから自分の館にかくまう奴隷主フォード。実は原作でソロモンはフォードについて次のように語っている。「思うに、彼よりも親切で、高潔で、率直なキリスト教徒は誰一人としていない。周りからの影響や人間関係が、奴隷制度の根底に存在する本質的な悪を、みえなくさせていたのだ」（Solomon Northup, Twelve Years a Slave, p.90）（傍点筆者）と。

　アメリカの奴隷制において奴隷主と奴隷との間には、保護－被保護の関係があったと指摘される。実際にジョージ・フィッツヒューという有名な奴隷制擁護論者は、奴隷が奴隷主の愛情の下で経済的に苦しむことなく過ごすことができると主張し、「奴隷ほど幸せな者はいない」と言い切っている。

　しかし、本当にそうだったのだろうか。この映画には奴隷主に気に入られて結婚した元女性奴隷ショー夫人が登場する。彼女は自らの体験を踏まえて「奴隷主の慰みものになる辛さは分かっている」と述べた上で、奴隷主による性的暴行に堪えるか、鞭で打たれるかのどちらかを選ぶしかない、とあたかも自分を説得するようにパッツィーに語りかける。

　ここにはソロモンがいう「奴隷制度の根底に存在する本質的な悪」が含まれているのではないだろうか。なぜ奴隷は奴隷主に隷属しなければならないのか。単に身体的な拘束を超えた問題が根底にあったのである。

奴隷制は過去の話だろうか　ソロモンや当時の奴隷たちが追い求めた自由は日本国憲法にも流れている。〈奴隷的拘束からの自由〉を保障する日本国憲法18条に。実は、この条文はアメリカ憲法修正13条を由来としている。国境も時代も超えて、日本国憲法に引き継がれてきたのである。

　しかし、日本国憲法18条は過去の奴隷たちに捧げられた記念碑ではない。

　ブラック企業や長時間労働、外国人技能実習制度など、〈現代的奴隷制〉と呼ばれる制度が問題となる時代に私たちは生きている。働くことは大切だ。よほどの財産がないかぎり、働かなくては生きてゆけない。職を失うことはものすごく怖いことだ。だから、現代の私たちは、無意識に自由を犠牲にして隷従しているかもしれない。あなたはこの映画のどの登場人物に自分を重ねるだろうか。

（小池洋平）

23　テロへの対処と適正手続

『ゼロ・ダーク・サーティ』（Zero Dark Thirty）キャスリン・ビグロー監督、2012年［アメリカ］

9.11とアメリカの対テロ戦争

パキスタン国内某所。ここは通称ブラック・サイトと呼ばれる施設。本作品の主人公でCIA分析官のマヤは、パキスタン支局に着任して早々、同僚による捕虜の尋問に立ち会うこととなった。捕虜の男は、2001年9月11日のアメリカ同時多発テロ（以下、9.11テロ）にも関与していた。同僚は捕虜に、仲間の連絡先や居場所について聞くが、彼は頑として口を割らない。同僚は何としても情報を聞き出そうとした。主人公たちCIAの目的は、次のテロを予防すること。そしてアルカイーダの指導者、オサマ・ビン・ラディンの居場所を突き止めること。しかし、捜査はなかなか進まず、その間も世界各国で起き続けるテロにより、尊い命が失われ続けていた。

9.11テロが発生して以来、アメリカは「対テロ戦争」と称する様々な政策を展開してきた。その一つがテロ首謀者の捜索であった。とくに、9.11以降も小規模の自爆テロから都市部での爆弾テロまで様々なテロ行為を指揮するビン・ラディンの捜索は最重要任務とされた。そして、2011年5月、アメリカはついにビン・ラディンの潜伏先を見つけ出し、殺害することに成功する。

『ゼロ・ダーク・サーティ』／2019年3月8日リリース／ブルーレイ：¥2,000（税抜）／DVD：¥1,143（税抜）／発売・販売元：ギャガ／(C) 2012 CTMG. All rights reserved.

本作品は、ビン・ラディン殺害に至るまでの経緯と米軍特殊部隊による殺害作戦を、実話をもとに描いたサスペンス映画である。もちろん登場人物の描写等についてはフィクションである。しかし、作戦実行までの経緯には、9.11テロ以降アメリカが行ってきた真実が描かれている。

「拷問」
「標的殺害」

「嘘をついたら、痛めつける。」

マヤの同僚はこう述べると、尋問で決して口を割らない捕虜を仰向けに抑えつけて顔に布をかぶせ、その上から大量の水を注いだ。それは「水責め（waterboarding）」といって、アメリカが実際にテロ容疑者の捜査で使用した尋問方法である。本作では冒頭から約10分間、この模様が描かれている。その後も、長時間（作中では96時間）睡眠をとらせない、窮屈な体勢で狭い箱に閉じ込めるといったシーンが描かれているが、これも実際に使われた手法である。

アメリカ司法省は、「臓器の損傷、肉体的な機能の障害、あるいは、死に至らない程度」の拷問は、アメリカの国内法にも、国際法にも違反しないと結論づける内部文書を作成した。「拷問メモ（Torture Memo）」と呼ばれるこの文書をうけて、使用されたのが水責めをはじめとする拷問まがいの尋問手法であった。本作ではその実態をみてとることができる。

作中でもう一つ注目すべきなのが、ビン・ラディン殺害という作戦それ自体である。ターゲットとなる人物を探し出して急襲し、捕獲するまでもなく殺害する。これは「標的殺害（Targeted Killing）」と言われる作戦行動である。標的殺害とは聞きなれない用語だが、それはどのようなものか。

国連の人権理事会の報告書によれば、標的殺害とは、国家またはその代理者あるいは武装集団によって特定の個人を意図的かつ計画的に殺害する致死的な実力（lethal force）の行使を指す。単純に述べると、特定の国民あるいは外国人を暗殺する国家行為と言っても過言でない。標的殺害自体は、決して新しいものではない。例えば、イスラエルはパレスチナ要人に対してこれを多用している。アメリカも例外ではなく、歴史的には、第二次世界大戦中の山本五十六海軍司令長官が搭乗していた軍用機を撃墜して殺害したのも、標的殺害の例とされる。9.11テロ以降も、アメリカは標的殺害を有効な手段として使用しており、近年では無人爆撃機ドローンによる作戦遂行が増加している。

いかなる理念があろうと、無差別に市民の命を奪うテロ行為を正当化することはできない。しかしだからといって、卑劣なテロリストに立ち向かうためには、いかなる手段も許されるのであろうか。本作で描かれる国家活動を、憲法の観点から考えた時、そこには見過ごすことのできない重大な問題が存在している。

**人 身 の 自 由
法 の 適 正 手 続**　犯罪が起きた時、警察が捜査して事件の被疑者を逮捕する。被疑者は取調べを受けた後に起訴されて被告人となり、裁判で有罪とされた時、はじめて犯罪者として生命や自由の剥奪といった処罰を受けることになる。本来、個人の生命や活動の自由は、「人身の自由」という最も根本的な人権類型である。人身の自由が確保されているからこそ、表現をはじめ様々な人権に基づく活動が可能となる。だから原則として、国家権力が個人の生命や自由を奪うことは許されない。犯罪に対する処罰は、それによって社会の治安を確保するといった目的のために、必要かつ例外的な場合でのみ許された人権の制約なのである。国家権力が思いのままに人々を処罰することは、重大な人権侵害を引き起こしかねない。だからこそ、権力行使のために国家が守らなくてはならない手続があることを、各国の憲法は謳っている。

　日本国憲法も例外ではなく、31条で「何人も、法律の定める手続によらなければ、その生命若しくは自由を奪われ、又はその他の刑罰を科せられない」と規定する。さらに、32条や37条では「裁判を受ける権利」規定し、36条では「公務員による拷問及び残虐な刑罰は、絶対にこれを禁ずる」と述べる。

　戦前の日本では、特別高等警察などの国家機関が特定の思想や政治活動を取り締まるために、違法な捜査や拷問を用いた取調べを行った。それにより命を落とす人は少なくなかった。そうした歴史に対する深い反省に立って、日本国憲法は31条から39条にかけて人身の自由と適正手続に関する詳細な規定を設けた。そうして国家が個人を処罰する際に従うべき手続を厳守させることで、権力の濫用と人権侵害を予防しようとしたのだ。

　日本国憲法の適正手続に関する規定は、アメリカ憲法の規定をモデルに作られた。日本の議論は、アメリカでも長年議論されてきたものに他ならない。だからこそ、9.11以降にアメリカがテロへの対処のために用いた手法は、大変な議論を巻き起こした。

　2009年にイラクのアブ・グレイブ収容所で捕虜を虐待していた事実が明るみになった時、アメリカは世界中から非難を受けた。そもそも拷問は国内法のみならず、国際人権法でも禁止されている。国連の拷問禁止条約では、公務員が情報を集めることを目的として身体的・精神的に重い苦痛を故意に与えることを拷問と定義し、締約国に国内法で拷問を禁止するよう義務付けている。

　本作には、この虐待発覚により CIA の名声は地に落ちたこと、かつてのように拷問して証言を聞き出そうという手法が使えなくなっていることについて、言及される場面がある。こうした拷問を行った背景に、前出の「拷問メモ」によるお墨付きがあったのだ。拷問メモは高名な法律の専門家（大学教授と裁判官！）により作成された。その事実も含めて、大きな批判が巻き起こった。そして、標的殺害に関しては、無人爆撃機による誤爆や無実の民間人の巻き添えなど多くの問題点が指摘されている。標的殺害をめぐっては、合衆国憲法の適正手続について規定した条文に違反するとして、裁判が起こされている。しかし、アメリカは、標的殺害は軍事紛争の一環としての殺害であり、戦時国際法の枠組に則った適法な行為であるという立場を崩していない。

国家の安全か人権か

「祖国を守れ！」

　CIA の活動方針をめぐって意見が対立するマヤに上司が言い放った言葉である。

　国家を防衛する。そのためには、いかなる手段であっても行使する。拷問して情報を聞き出すことも、身柄を拘束して裁判の場などで何の弁解も聞かずに殺害してしまうことも、正当化される。その際、テロの被疑者は絶対悪とみなされ、彼らの弁解が考慮されることはない。もしかするとその被疑者はテロリストなんかではなく、無実かもしれないのに。

　戦争やテロが発生した時には、国家の安全の名のもとに、人権はいとも簡単にないがしろにされてしまう。しかし、憲法が保障する人権の観念（とくにここでは人身の自由と適正手続の保障）は、テロ発生時や戦争中といった困難な時代であっても追求され確保されなければならない普遍的な価値である。テロ防止のためとはいえ、人間の尊厳を傷つけるような国家機関の活動は、容易に許されるものではない。本作に描かれている拷問や標的殺害は、人権という普遍的な価値への挑戦と言わざるを得ない側面を有しているのだ。

　もしかすると、あなたは本作をみて何らかの留飲を下げることになるかもしれない。しかし、そうする前に、いま一度、人権の意味とその価値について考えてもらえないだろうか。

（今井健太郎）

24　冤罪問題と適正手続

‖『真昼の暗黒』今井正監督、1956年［日本］

まだ最高裁が
あるんだ！

「おっかさん、まだ最高裁判所があるんだ。まだ最高裁があるんだ」――この、有名なラストシーンの台詞がどのような経緯の末に叫ばれたか、『真昼の暗黒』をご覧になっていない読者諸氏にはぜひ、この映画を最初からご覧いただきたい。

八　海　事　件

『真昼の暗黒』は、1951年に起こった実際の強盗殺人事件である「八海（やかい）事件」をベースにした作品（原作は、この事件の「共犯者」とされたAほか3名の弁護人を務めた正木ひろし氏の著書『裁判官――人の命は権力で奪えるものか』〔1955年〕）である。事件の真相は、青年Xが老夫婦を殺害し、金品を奪ったという単独犯であり、Xは当初その旨の自白をしていた。しかし捜査機関は、本件を複数犯だとする犯行ストーリーを描き、Xに「共犯者がいるだろう」と執拗に追及した。取調官の厳しい追及に屈したXは、自分のほかに4名の共犯者がいるという自白に転じ、この自白によってAを含む4名の若者たちが逮捕された。「共犯者」たちは、それぞれが取調官から激しい拷問を受け、やってもいない犯行を自白して起訴された。

(c) 北星

その後、4名の「共犯者」たちは、一審（山口地裁）有罪→控訴審（広島高裁）有罪→上告審（最高裁第三小法廷）破棄差戻し→差戻し後控訴審（広島高裁）無罪→上告審（最高裁第一小法廷）破棄差戻し→差戻し後控訴審（広島高裁）有罪という、有罪無罪の判断のせめぎ合いに翻弄される。そして、ついに3度目の上告審である最高裁第二小法廷が、事件から17年後の1968年、広島高裁の有罪判決を破棄し、4名全員に無罪判決を言い渡した（なお、Xについては最初の控訴審で無期懲役の判決が確定している）。

94

つまり、映画で主人公が叫んだとおり、最高裁は八海事件の最後の最後に、「人権救済の最後の砦」として無実の４名を救い出したのである。

適正手続と刑事被告人の権利　国家がその国民に刑罰を科す。それは、権力による人権侵害のリスクが最も大きい場面である。もしも誤って無辜（無実の者）を罰し、なかんずく死刑に処してしまったら、それこそ取り返しがつかない。それは、国家を加害者とする究極の人権侵害である。

確かに、罪を犯した者の処罰は、秩序と治安の維持のために国家に与えられた権能である。しかし、「証拠がなければ処罰してはならない」ことが建前とされた近代の裁判にあっても、自白は「証拠の女王」などと呼ばれ、有罪の最大の決め手とされた。それゆえ捜査側は往々にして、犯人と目星をつけた者を徹底的に責め立て、密室で拷問を加えて自白を獲得することに汲々としてきた。なりふり構わぬ自白獲得が、まさに冤罪の温床となっていたのである。

そこで日本国憲法は、その歴史的反省に立ち、適正な内容の法律による適正な手続のもとでなければ刑罰を科してはならない（条文上は「法律の定める手続」とのみ規定されているが、このように解釈されている）と定めた（31条、「適正手続」の保障）。さらに、憲法は様々な刑事手続上の準則を「基本的人権」として保障した。全部で30ほどの人権規定の中で、刑事手続に関する条文は実に３分の１を占める。刑事手続をめぐる人権侵害はそれほどまでに深刻だったのである。

このうち、自白について定めたものが憲法38条である。まず、１項で黙秘権を保障し、次いで「強制、拷問若しくは脅迫による自白または不当に長く抑留若しくは拘禁された後の自白は、これを証拠とすることができない」として、任意（自発的）にされたものでない自白は、たとえ真犯人の自白であったとしても証拠として使ってはいけない、と決めた（２項、自白法則）。さらに、「何人も、自己に不利益な唯一の証拠が本人の自白である場合には、有罪とされ……ない」として、証拠が本人の自白のみである場合には有罪とすることはできず、自白を裏付ける他の証拠（補強証拠）が必要であると定めている（３項、補強法則）。

憲法の理想とわが国の刑事司法の現実　では、憲法施行後の刑事裁判は、自白偏重から脱却し、冤罪を少なくすることに成功したのだろうか。

八海事件の捜査が行われたのは、日本国憲法が施行されてすでに４年が経過した時期である。『真昼の暗黒』では八海事件で実際に行われたであろう取調べが

再現されている。単独犯行を自白した真犯人に対し、複数犯と見立てた警察が執拗に「共犯者」の存在を追及し、4人の名前が挙がるや否や、彼らに対する過酷な取調べが始まる。殴る蹴る、耳元で怒鳴りつけるといった拷問を繰り返し、とうとう無実の主人公から自白を搾り取るシーンは、見ていて辛くなるほどである。それでも、法廷に証人として呼び出された警察官たちは「暴力など振るっていない」と口を揃え、被告人はあくまで自ら進んで自白したのだと証言する。

「現在では取調べは録音録画されており、あんなひどい暴行や脅迫があるわけがない」と思う読者諸氏もいらっしゃるだろう。しかし、録音録画がされている事件は現在でもほんの一部に過ぎない。もとより、24時間警察署内の留置場に拘束され、食事や排泄に至るまで監視されている状況では対等で自由な会話は成立しない。そこでは取調官と被疑者との間に「支配・服従関係」が構築される。何度「自分はやっていない」といっても聞き入れてもらえず、「こいつが犯人だ」と信じ込んでいる取調官から繰り返し自白を迫られれば、あからさまな暴行や脅迫などなくても、被疑者は耐えがたい孤独と苦痛に苛まれる。そして、遠い先の刑罰への恐怖より、今この瞬間の苦しさから逃れるために、やってもいない犯罪を自白してしまうのだ。そのことはDNA型再鑑定によって「完全無実」が明らかとなった足利事件をはじめ、多くの冤罪事件が「証明」している。

厳しい取調べによって虚偽自白をしてしまった者の多くは、裁判官なら、きっと真実を見極めてくれるという期待のもとに法廷に立つ。ところが裁判官は、自白を裏付ける客観的な証拠がほとんどないケースでも、往々にして「被告人の自白は信用できる」と判断して有罪判決を下す。「共犯者」が自白していたり、法廷でも被告人が自白を維持したケースでは尚更である。だからこそ、捜査機関は相変わらず、「犯人」と見立てた者から必死で自白を取ろうとするのだ。

刑事司法をめぐる「現実」は、憲法の理想からは未だ遠いところにある。

最高裁の光と影 最後に無罪評決を言い渡した八海事件の第3次上告審判決では、犯人が自らの刑を軽くするために、無実の「共犯者」を引っ張り込む供述をするリスクがあることから、共犯者についての自白の信用性は、「確実な証拠によって担保され、殆んど動かすことのできない事実か、それに準ずる程度の客観的事実に裏付けられていなければならない」と判示した。最高裁が自ら「人権救済の最後の砦」として憲法の理想に近づく判断をし

たのである。

　他方で驚くべきことがある。実は、『真昼の暗黒』は八海事件が無罪判決で終結した1968年よりはるか以前の1956年に公開された。当時は広島高裁での有罪判決に対し、Ａらが上告し、最初の上告審が最高裁に係属していた時期だったため、最高裁は、実際の事件が係属している最中に映画化することに不快感を表明して映画制作をやめるよう圧力をかけ、その圧力に屈する形で大手配給会社が配給を取りやめるなどした。「人権救済の最後の砦」であるはずの最高裁が、映画制作者の表現の自由を弾圧しようとしたのである。このことは「司法の最高府の汚点」として歴史的に検証されるべきであろう。

映画としてのエンターテイメント性　最高裁による圧力という「逆風」の中にあって、『真昼の暗黒』は公開年度の映画賞を総なめにし、興行的にも成功を収めた。公開当時は死刑判決が言い渡されていた重大事件の映画化である。描き方によってはどこまでも暗く重くなるテーマを、『羅生門』（1950年）、『七人の侍』（1954年）、『隠し砦の三悪人』（1958年）などの黒澤明作品で知られる橋本忍の脚本と、『ゴジラ』（1954年）の音楽で世界に名を轟かせた伊福部昭の臨場感溢れる音楽が、この作品を良質なエンターテイメントに仕上げている。

　とくに秀逸なのは、弁護人が控訴審法廷で、無実の「共犯者」たちを有罪と断じた一審判決のストーリーの矛盾を指摘するクライマックスシーンである。弁護人が述べる犯行状況の再現を映像でユーモラスに描き、最後は犯人の男が犯行後の待合せ場所に到着するまでの時間が足らなくなり、犯行現場から忍者のように「ドロン」と消えて待合せ場所に瞬間移動する。法廷にいる映画の登場人物たちと観客とが一緒に笑いに包まれる演出には唸らされる。

さいごに：まだ最高裁はあるのか　筆者が弁護団の一員を務める大崎事件の第3次再審請求において、2019年6月25日、最高裁第一小法廷は、地裁・高裁がともに認めた再審開始決定を取り消し、自ら再審請求を棄却した。40年間、無実を訴え続けている92歳（当時）の女性の目の前で、救済の扉を固く閉ざしたのである。

　いま、最高裁は、国民が「まだ、最高裁判所があるんだ」と望みを繋ぐ「人権救済の最後の砦」となっているだろうか。その問いをもって、本稿を結びたい。

（鴨志田祐美）

25 韓国の民主化と拷問の記憶

——我々は隣国の歴史をどれほど知っているのか

『**ペパーミント・キャンディ**』イ・チャンドン監督、1999年／『**大統領の理髪師**』イム・チャンサン監督、2004年／『**弁護人**』ヤン・ウソク監督、2013年／『**タクシー運転手　約束は海を越えて**』チャン・フン監督、2017年／『**1987、ある闘いの真実**』チャン・ジュナン監督、2017年 ［韓国］

韓国現代史と韓国映画

韓国映画が面白い。熱い演技、骨太の脚本、感情を揺さぶる劇的な展開、美しい映像、ユーモアとエンターテインメント性など、どの点をとっても一級の作品が次々と生まれている。本稿は、その中でも戦後韓国の現代史を題材とした映画を扱いたい。

　戦後の韓国は、1948年に日本の統治から独立したものの、1987年に民主化が達成されるまで、一時期を除いて、権威的な独裁体制が長期間続いた。とくに1961年の朴正煕による軍事クーデター以後、軍部が政権を掌握し、北朝鮮と対峙しながら経済発展が優先された一方、民主化を求める運動が激しく弾圧された。典型的な「開発独裁」の時代であり、「漢江の奇跡」と呼ばれた高度経済成長の輝かしい側面と、検閲や拷問が横行する暗い側面が同居した時代であった。

　1987年に韓国の民主化が実現し、様々な改革や歴史の再検証作業が積み重ねられた結果、それまでタブーとされてきた軍事独裁政権下の暗部と暴力性を表現することが許容されるようになった。そのような作品の一つが、『大統領の理髪師』や『ペパーミント・キャンディ』である。前者は、戦後の混乱期から朴正煕政権終焉までの激変期を庶民の視点からユーモラスに描く。後者は、民主化運動を戒厳軍が鎮圧して多数の死者が出た1980年の光州事件が登場し、軍事独裁政権の暴力性に人生を狂わされた一人の男が、自らの悲痛な記憶を遡っていく傑作である。また、近年の『タクシー運転手　約束は海を越

えて』は、光州事件を目撃した実在のドイツ人ジャーナリストとタクシー運転手を主人公とした作品であり、題材は悲惨でありながらエンターテインメント性も同居する魅力的な作品である。

憲法上の拷問の禁止

このような作品にしばしば登場するのは、苛烈な拷問の描写である。警察の取調室という密室において、暴力的な拷問が日常的に行われていた様子が描かれている。

しかし、近代的な法制度の下では、公権力による拷問は禁止されるのが通常である。なぜならば拷問は、しばしば虚偽の自白を誘発して冤罪の原因となるからであり、また、対象者の人間の尊厳を侵害する非人道的な手段とみなされるからである。戦前の日本も、法律上、拷問を禁止していた（明治12年太政官布告42号「拷問廃止令」、旧刑法282条、現行刑法195条「特別公務員暴行陵虐罪」）。しかし実際には、特高警察による拷問と自白の強要が横行したことは有名である。戦後はそのような苦い経験を教訓にして、憲法上、拷問を「絶対に」禁止するに至った（36条）。日本国憲法の条文中、「絶対」という言葉が登場するのは、この36条のみである。さらに憲法38条2項は、拷問による自白の証拠能力を否定することで、拷問の絶対的禁止をより実効的に確保しようとした。

韓国の軍事独裁政権下においても、憲法上、拷問が禁止されていた。朴正煕の軍事クーデターによって成立した1962年第三共和国憲法にも、朴政権維持のための維新クーデターによって成立した1972年第四共和国憲法にも、朴暗殺後に「新軍部」が再度軍事クーデターを起こして成立した1980年第五共和国憲法にも、拷問の禁止と拷問による自白の証拠能力の否定が一様に定められていた。

それにもかかわらず、実際には憲法を無視した拷問が隠密裏に横行していた。とくに独裁政権に批判的な民主化勢力に対して、1948年制定の「国家保安法」（現行法）違反容疑での逮捕と拷問が活用された。同法は、親北朝鮮勢力や反政府勢力の取り締まりを念頭に置いた治安立法であり、「反国家団体」の結成、支援、称賛・鼓舞、「反国家団体構成員」の国内潜入・脱出、会合・通信、便宜供与、そして同法違反行為を通報しない行為（不告知）を罰する内容である。この法律を根拠に、民主化を求める多くの人々が北と内通する「アカ」（共産主義者）として拷問され、冤罪事件に巻き込まれる結果となった。

　そのような冤罪事件の一つが、1981年の釜林事件である。映画『弁護人』は、同事件を直接の題材としており、後に大統領となる盧武鉉の「転向」と闘いが描かれる。

　釜林事件とは、当時の全斗煥軍事独裁政権下で発生した学生運動弾圧事件である。この事件では、読書会を開催していた学生や社会人が、不穏図書を回覧する違法な会合を開いたとして、国家保安法等違反容疑で令状の提示無く逮捕・拘禁された。逮捕された学生と接見した弁護士こそが、後に大統領となる盧武鉉であった。「拷問されて真っ黒になった学生の足の爪」を見た盧武鉉は、「目の前が真っ暗になった。いったいこの世にどうしてこんなことが……想像したこともないその姿に息がつまった。怒りで頭の中がかき乱され、血が逆流する思いだった。本当にどうしようもないほど大きな衝撃だった」と後に自伝で述べている。それまで租税専門の弁護士として成功を収めていた盧武鉉は、政治問題に全く無関心であった。ところがこの事件を端緒として「人権派弁護士」に「転向」し、様々な民主化運動で活躍していくことになる。

　映画『弁護人』においては、盧武鉉をモデルとするソン・ウソク弁護士を、韓国を代表する名優、ソン・ガンホが熱演している。苦学して高卒で司法試験に合格し、金儲けを優先していたソン弁護士は、馴染みの食堂の看板息子（釜山大学の学生）が受けた苛烈な拷問の跡を見て愕然とする。そして、有罪判決ありきの刑事裁判において、憲法や刑事訴訟法がその条文の趣旨の通りに運用されていないことに激しい怒りを覚える。とくに証人尋問において、学生の読書会が国家保安法違反か否かは「被疑者の目つきひとつで見分けがつく」とうそぶく捜査責任者に激高して、国民主権を定める韓国憲法を引用するシーンは迫力がある。

　しかし、拷問によって自白の強制が行われたことを、弁護人が立証することは難しい。取調室という密室での出来事であり、拷問に関する証言や証拠を弁護人が収集することは、警察内部の協力者がいない限り、不可能に近い。実際の釜林事件においても、映画『弁護人』においても、逮捕された学生たちは結局有罪となる。再審によって無罪が確定したのは、実に33年後の2014年であった。

　1987年の韓国民主化は、朴鍾哲（パクジョンチョル）拷問致死事件に端を発する。映画『1987、ある闘いの真実』（以下、『1987』）は、その過程をテンポよくスリリングに描いていく。

　朴鍾哲は、民主化運動に参加していたソウル大学の学生であり、1987年1月、治安本部の取調室（悪名高き「南営洞」）で激しい拷問の末に非業の死を遂げた。朴鍾哲の名前は、後に民主化闘争の象徴となる。当初、治安本部は事実を隠蔽しようと試みるが、様々な人々がバトンをつなぎ、真相が明るみとなる。怒りを覚えた多数の人々が民主化デモに参加し、6月の民主化抗争、さらには政府与党による民主化宣言と全斗煥大統領による宣言受諾へとつながっていった。

　映画『1987』で印象的に描かれるのは、治安本部の圧力に晒されながらも、自らの職責を果たそうとする気骨ある実在の人々である。拷問致死を直感して治安本部の求める即日の火葬申請を拒否する検察官、死亡直後の様子を新聞記者に示唆する内科医、口止め料を拒否して死因と遺体状況を正確に鑑定書に記載する解剖医、報道統制をかいくぐりながら真相を記事にする新聞記者たち、接見から明らかとなった事件の真実を外部に伝える刑務官など、それぞれが自らの職掌の範囲内で「正義」を守ろうとする姿が描かれていく。彼らが求めるのは、当然の手続と規則が遵守されることである。そして各人の小さな抵抗が、民主化という大きな偉業につながっていく過程は実に感動的である。

　一方で、本作の政治性にも目を向けておいた方が良いであろう。監督へのインタビュー記事からすると、右派政権下の表現活動の萎縮に対する異議申立てと左派勢力に対する応援鼓舞という意味が本作に込められていることがうかがわれる。事実、当時の朴槿恵政権下では政権に批判的な文化人のブラックリスト化が行われており、本作も圧力を恐れて極秘裏に制作がすすめられたという。その意味で、民主化の実現過程を高らかに謳い上げる本作は、その担い手である左派勢力のための「物語」として語られていることにも留意しておくべきであろう。

民主化という神話　映画『1987』終盤のナショナリスティックな高揚感を観て想起したのは、「民主化の神話化」という言葉である。

　しかし、民主化は決してゴールではない。おそらく、本当の悩みは民主化から始まる。多様な民意の反映と政治の安定、熟議の確保と公正な政治的決定、左右対立の緩和、効果的な権利保障等々の要請を、いかにして実現していくのか。これは、我々も共有すべき普遍的な問題である。高度経済成長と民主的改革という2つの「神話」を両輪としてきた韓国政治は、これからどこへ向かうのか。そして、韓国映画は何を描いていくのか。これからも目が離せない。　　　　（中島　宏）

26　教誨師と死刑
──あなたがたのうち、誰が私に罪があると責めうるのか

‖『教誨師』佐向大監督、2018年〔日本〕

教誨師とは

死刑について考えさせられる映画作品は多い。本作は、その中でもとくに教誨師の存在に焦点を当てている。

　教誨とは、国語辞典（新明解）によれば、「〔受刑者などに〕教えさとすこと」とある。また、法律学小辞典（有斐閣）によれば、「受刑者その他の刑事施設収容者に対して行う、徳性の育成を目指す教育活動」とされる。教誨師は、その教誨活動を行う者のことであり、多くの場合、宗教家がボランティアで行っている。

　しかし、教誨師が実際にどのような活動をしているのかについては、一般に広く知られているとは言えないであろう。教誨師には職業上の守秘義務が課せられており、教誨活動の実情について語られる機会は少なかった。憲法学の教科書も、完全な政教分離が機械的になされた場合、刑事収容施設における教誨活動ができなくなる不都合があることに言及するのみで、それ以上の詳しい説明はなされないことが多い。

　ところが近年、教誨活動の現場と苦悩に光を当てたノンフィクション作品が登場した。堀川惠子『教誨師』（講談社、2014年）である。この作品は、50年以上に渡って死刑囚（死刑確定者）のための教誨活動に従事し、多数の死刑執行にも立ち会ってきた浄土真宗の僧侶、渡邉普相氏に対する聴き取り取材に基づいている。「わしが死んでから世に出してくださいの」という渡邉氏の意向に従って出版されており、あまりに重く、生々しい証言が含まれている。死刑と教誨活動について様々なことを考えさせられ、また、映画「教誨師」の理解も深まると思われるので、ご一読を強くお勧めしたい。

「教誨師」／2018年10月公開／
© 2018「教誨師」members

教誨制度の沿革と概要

まず、教誨制度の概要を確認する。戦前、教誨師は公務員で

あった。しかし日本国憲法が政教分離原則を採用したため、戦後は民間篤志の宗教家がその活動を引き継いだ。

　戦前の教誨制度の特徴は、ドイツ監獄学の影響が強く、教誨師は公務員であり、受刑者の教誨が義務であったという点である。近代日本における教誨は、1872年に真宗大谷派の僧侶が囚人教化を請願し、認可されたことに始まるとされる。教誨という言葉が法文に初めて登場したのは1881年であり、「教誨師、改過遷善ノ道ヲ講説シテ囚徒ヲ教誨ス」（同年3月「備人設置程度並ヒニ備人分課例」）、あるいは「已決囚及ヒ懲治人教誨ノタメ、教誨師ヲシテ悔過遷善ノ道ヲ講セシム」（同年9月「改正監獄則」）と定められた。1889年の監獄則改正により、教誨師は常勤公務員となる。しかし、監獄費を負担していた地方庁は、経費削減のために各宗派の本山に教誨師の派遣と俸給負担を求めた。そのため、最終的には浄土真宗の二派（本願寺派と大谷派）の教誨師だけが残った。さらに1908年制定の監獄法は、「受刑者ニハ教誨ヲ施ス可シ」（29条）と定め、教誨を義務化した。

　戦後、教誨制度は1947年施行の日本国憲法に適合するよう修正された。日本国憲法は、個人の信教の自由を保障し（20条1項前段および2項）、さらに信教の自由の実効的な保障を確保するために、厳格な政教分離原則を採用した（20条1項後段および3項ならびに89条）。そこで、国家機関である刑事収容施設（刑務所・少年刑務所・拘置所）においても、政教分離を確保しつつ、個々の被収容者の信教の自由に配慮する必要性が生じた。後年、最高裁判所も、「刑務所等における教誨活動も、それがなんらかの宗教的色彩を帯びる限り一切許されないということになれば、かえつて受刑者の信教の自由は著しく制約される結果を招くことにもなりかねない」（1977年津地鎮祭判決）と指摘することになる。

　そこで、道徳・倫理に基づく講話・説法は刑務官や法務教官が実施し、宗教の教義・儀式に基づく宗教的精神の涵養は民間人の宗教家にボランティアで担当してもらうこととなった。前者の一般教誨は受刑者の義務だが、後者の宗教教誨は、信教の自由の保障の観点から任意となった。また、上記の監獄法は、2006年に約100年ぶりに全面改正され、「刑事収容施設及び被収容者の処遇に関する法律」（刑事収容施設法）が制定された。同法67条1項が「被収容者一人で行う礼拝その他の宗教上の行為」を保障し、さらに同68条1項は「刑事施設の長は、被収容者が宗教家（民間の篤志家に限る。以下この項において同じ。）の行う宗教上の儀式

行事に参加し、又は宗教家の行う宗教上の教誨を受けることができる機会を設けるように努めなければならない」と定めており、同条が現行法における教誨活動の根拠規定となっている。

なお、全国教誨師連盟のHPによると、令和2年1月現在で1820人の教誨師が活動している。このうち神道系217人、仏教系1191人、キリスト教系252人、諸派160人であり、宗派も多様である。

| 「穴」と「空」 | 映画『教誨師』では「穴」、堀川『教誨師』では「空」という印象的な言葉が登場する。

教誨師がとくに死刑囚を担当する場合、その任務は過酷である。死刑囚は、一般の受刑者や未決拘禁者とは異なり、死刑執行まで拘置所の「単独室」(刑事収容施設法36条)に収容され、「心情の安定」(同32条)のために面会や信書の発受が厳しく制限される。また、そもそも親族との関係が途絶し、全くの孤独の状態にある場合も多いため、教誨師との面談が外界とのほとんど唯一の交流の機会になることも珍しくない。教誨師は、社会復帰の可能性が無い孤独な死刑囚と、長い時間をかけて対話し、その懊悩煩悶と向き合い、そして結局は死刑執行に送り出す(あるいは死刑執行に立ち会う)という辛い任務を負っている。

映画『教誨師』は、教誨師になってまだ半年の佐伯(大杉漣)と、6人の死刑囚の対話で構成されている。本作を観る者は、佐伯と一緒に死刑囚たちと対話し、彼らの孤独、独善、妄想、不安、怒り、虚勢に驚き、戸惑い、考えさせられることになるであろう。佐伯によると、教誨師の役目は「穴をみつめること」だという。つまり、「穴をあけないようにする事でも、誰がその穴をあけたのかを問うことでも」なく、「あいてしまった穴の側で、決して逃げずに、じっと、みつめることなんじゃないか」というのである。

また、堀川『教誨師』では、証言者の渡邉氏の師匠、篠田龍雄氏の見解(1954年の手記)が参照されている。篠田氏によると、「相当な複雑な心境で、一日一日を迎えている」死刑囚に、「空」の世界を提供することが教誨の目的とされる。すなわち、都市生活者にとって山や川の空間が息抜きになるように、死刑囚のための「偉大な空間」を展開し、彼らの頭や腹の中の「妄念妄想」という「怪物を吐き出させ」ることが、教誨師の役割だというのである。

映画『教誨師』の「穴」においても、堀川『教誨師』の「空」においても、宗

教の教えを説くことよりも、死刑囚に最後まで寄り添い、死刑囚の話を傾聴し続けることが教誨師の重要な役割とされているようである。

　とはいえ、教誨師の精神的負担も非常に大きい。任務の過酷さに耐えきれず、教誨師を辞する者も多いという。実際、渡邉氏は教誨師について、「真面目な人間に教誨師は務まりません。突き詰めて考えておったら、自分自身がおかしゅうなります……。」と述べている。また、長年の心労がたたったのか、渡邉氏自身も、晩年にアルコール依存症になり、精神病院に入院している。映画『教誨師』においても、佐伯はパートナーと思しき女性から「あなた最近飲み過ぎじゃない？　また体壊すわよ」といわれており、佐伯の心労の大きさが示唆されている。死刑囚と向き合う中で、教誨師自身に「穴」があき、あるいは教誨師自身が「空」を失うことも多々あるということであろう。

死刑制度を「開く」

堀川『教誨師』を読み、そして映画『教誨師』を観てまず思ったことは、教誨師の仕事ぶりと苦悩について、これまで自分は何も知らなかったということである。

　これまで教誨師自身が口を閉ざしてきたこともあり、教誨活動の実際についてあまり知られてこなかった。しかし、映画『教誨師』と堀川『教誨師』の貢献により、従来「閉じられていた」教誨師の世界の一端が、外部に「開かれた」ように思われる。

　つぎは、死刑制度そのものを「開く」ときではないか。自分を含め、日本国民の多くが死刑制度の実情を知らされていないのではないか。実情を知らないまま、絞首刑の実際の執行状況が「残虐」（憲法36条）であるかどうか、あるいは死刑執行に携わる人々の負担がどのようなものであるかを判断することはできない。死刑制度の是非については、犯罪の抑止効果、誤判の可能性、被害者・遺族の復讐感情、社会の応報要求、国際社会の状況等、様々な論点を冷静に検討しなければならない。しかし、これらの論点と同等以上に重要であるはずの死刑執行の現状から、我々は眼を逸らし続けているのではないか。

（中島　宏）

27 地域おこし協力隊という生き方

『**遅咲きのヒマワリ**』橋部敦子脚本（石川淳一・植田泰史演出）、2012年 [日本]

地域の現状と住民自治　なじみの定食屋や駄菓子屋がまた閉店してしまい、生活スタイルや想い出も失われるようで悲しい思いをしたことはないだろうか。近年、大型店舗やドラッグストアの進出、人口減少や後継者不足などを理由に商店街のお店などが次々と閉店し、大都市圏でもシャッター街になってしまっているなんていうのも珍しい光景ではなくなっている。「過疎を止めるにはどうしたらよいか」「移住者を増やすか、でも町には仕事がない」などの地域課題について、その地域の住民自らが話し合い検討を重ねていくことは、憲法が大事にする住民自治の考え方（憲法8章）に合致する。また、過疎で仕事がない、住む場所がないというのはこの場所で経済活動ができないという点で経済的自由権の話が関係する。これらの点に関して考えさせてくれるのが、本作品である。

遅咲きのヒマワリ〜ボクの人生、リニューアル〜／ブルーレイ＆ DVD-BOX 発売中／発売元：フジテレビジョン・販売元：ポニーキャニオン／(C)2012フジテレビ／共同テレビ

舞台は高知県四万十市　ドラマの舞台は土佐の小京都といわれる高知県四万十市である。高知市から南西へ約113kmの四万十市は旧中村市と旧西土佐村が2005年4月10日に合併し、誕生した自治体で（右隣には四万十町がある）、2015年の国勢調査では、3万4313人の人口となっている（2012年放映のドラマ内の人口が3万6000人で生田斗真演じる主人公は市名に合わせ「目指せ40010人！」と言っていた）。最後の清流といわれ、196 kmにもわたる四国最長の大河である四万十川とその周りを囲む山々の雄大な自然風景、その四万十川でカヌーを漕ぐ姿、大雨の増水時、大木などが引っかからないように欄干の無い沈下橋、鯉のぼりの川渡しなどが有名であ

るが、これらもドラマに登場する。住民自治を実現する上で重要な条例の一つといわれる議会基本条例の四万十市版はその前文にて、「四万十市は、市民憲章に謳われているように、清流四万十川の美しい自然と、先人の残した誇り高き文化を継承し、四国西南地域の拠点として発展してきました」とあり、住民らがまちづくりをする上で、四万十川の存在は切っても切り離すことができないこともわかる（自治体の条例制定権に関しては、憲法94条）。

　余談になるが、高知県四万十市役所の臨時職員である地域おこし協力隊員として、関東出身の主人公が高知駅から列車に乗り2時間かけて辿り着いた中村駅の近くには、大逆事件の首謀者として死刑執行された社会主義者の幸徳秋水の生家跡やお墓もある（冤罪説が濃厚。駅以外はドラマには出てこないが、2000年に当時の中村市議会が秋水の名誉回復と偉業を讃える決議を採択）。また、主人公が初めて体験する、同じ杯でお酒の飲み交わしをする、「献杯・返杯」の風習なんかも実は隠れた見どころだ（1話から出てくる"土佐流飲ミニケーション⁉"）。

地域おこし協力隊とまちづくり

それでは、主人公はどのようにまちづくりに関わっていくのであろうか。その回答を得るためにも、地域おこし協力隊とは何かまず説明したいと思う。総務省のホームページによると、「都市地域から過疎地域等の条件不利地域に住民票を移動し、生活の拠点を移した者を、地方公共団体が「地域おこし協力隊員」として委嘱」し、「隊員は、一定期間、地域に居住して、地域ブランドや地場産品の開発・販売・ＰＲ等の地域おこしの支援や、農林水産業への従事、住民の生活支援などの「地域協力活動」を行いながら、その地域への定住・定着を図る取組」であるという。したがって、主人公は東京から四万十市に住民票を移し上記のような仕事を行うのだが、最大で3年の活動が約束されたことになる（年間活動経費約400万円。ちなみに、農林水産省やNPO法人地球緑化センターの「緑のふるさと協力隊」による類似の試みもある）。

　彼が任された最初の仕事は、「中山間地域の高齢者の送迎などのサポート」である。この地域はバスや電車などの交通網がないため、その地域の住民は買い物や病院に行くことができないからだ。だとすると、雑貨屋の閉店、電気設備などの公共インフラの劣化、ガソリンスタンドや給油所の過疎化や閉鎖なども同時に起こっているものと想定できてしまう。この点につき、ある時主人公は「このあたり（山間部）の高齢者の方ってなんで病院に近い町の方に住まないんですか

ね？」という質問を市役所地域おこし課課長（松重豊）にぶつける。それに対し課長は、「みなさん、ここにしか住めないんですよ……。生活の糧は農業しかありません。それに身寄りもありません。あの年で生まれ育った土地を離れるのは難しいんですよ」と回答している。憲法には、原則強制されることなく、いつでもどこでも自らの意思で自由に移動できるとする移動の自由（22条）が規定されている。しかし、上記のような過疎地域などでは、バスや鉄道路線廃止に代わる交通インフラが整備されていないと、これらの権利の実現どころか、それに関連して生活自体を確保できなくなってしまうのである（この点、国主導のコンパクトシティ政策の問題も同様に検討する必要があろう）。

　ちなみに、関連内容として、ドラマでは高齢化や過疎化による休耕田や空き家の存在（農業面での後継者不足問題）、総合病院の医師不足も描かれていた。地域によっては現在、都市住民に関わってもらい棚田を保全する棚田オーナー制度（棚田百貨堂のホームページ参照）、空き家を古民家カフェに改良するなんて方法が試みられており、ドラマでは空き家を宿泊施設にしようとする話が描かれていた。

地域おこし協力隊と
住　民　自　治　まちおこしというと「テーマパークを作ろう」とか「大企業を誘致しよう」とか予算や将来を意識せずその場限りの提案がなされたり、住民の意見を度外視することもあるようだ。ドラマでは、長年四万十に住む地域おこし協力隊のボランティア・順一（桐谷健太）が、父親が経営している金物屋が閉店することなどを要因としてあせってしまい、上記のような行動をしてしまった結果、商店街で孤立する姿なども描かれている。

　この点、主人公は「どこのお店にも良い所がある」、「毎日、宝探し」という発言をしており、住民目線にたって様々な住民の声を拾い上げる努力を優先し、商店街の各お店の良い所を探したり、送り迎えをしている高齢者の人々を商店街に連れて行ったり、漁港に行きカツオの解体ショーの提案、商店街でポイントを集め遊覧船ツアーと連動させる提案などをしていく。これはその地域に住み込むことでこそ行えたことであり、一時だけ外部からくる専門家の視点とは異なるものである。まちを変革するのは「よそもの、わかもの、ばかもの」が必要なんて言葉があるが、地域おこし協力隊は、住民らを自治意識に目覚めさせるきっかけを与える媒介的存在になりうるのである（この点につき、田口太郎「住民自治と協力隊」椎川忍など編『地域おこし協力隊　10年の挑戦』〔農山漁村文化協会、2019年〕）。た

だし、このような存在になりえたのも、課長が、四万十市に到着直後の主人公に、出会った地域住民にあいさつすることの大切さを伝え、主人公もすぐそれを実践したことが一つの入口になっていることも忘れてはならない。残念ながら、村八分、自治体職員によるパワハラ、完全なる雑用扱いという事例もあるようだ。

　さらに、最大で３年の職務であるため、終了後の定住時、別の職に就かなければならないが、地域おこしに行くような場所にはそもそも仕事がなく、自らが起業するしかないという話も聞く。国自体が憲法に基づく地方創生を真剣に考えているのであれば、「地域おこし協力隊の数を増やしていく」という量的な対策ではなく、期限の延長や定住支援など質的対策をより一層すべきだと考えられる。

派遣労働と主人公

　ところで、主人公はなぜ地域おこし協力隊という仕事を選んだのか？　彼は東京の大学卒業後、派遣社員として仕事をしていた。ドラマでは、派遣先の会社でコピーなど雑用をやらされているシーンが出てくる。しかし、その会社で正社員になる話もあったが人員削減の流れで話がポシャるどころか、真っ先に首になり、次の派遣先も中々決まらない状況になってしまう。７年付き合った彼女は主人公との結婚を望んでいたが、このような状況であるため、「これ以上待てない、無理」と別れられてしまった。宇都宮の実家に戻っても居場所がなく、貯金も底を突き掛けたため、インターネットで激安家賃物件を探している流れで目についたのが四万十市観光ガイドのホームページであった。東京での生活があるため、一旦はありえないとした主人公であったが、「俺は人生を選べる立場にない。俺を受け入れてくれる所にいくしかない。例え、その先に何もなかったとしても」と決意した故の「地域おこし協力隊」だったのである。憲法22条には職業選択の自由が規定されているが、主人公のような"せざるをえない"状況に追い込まれた結果は果たして職業選択といえるのであろうか？　現在、労働人口の約４割が非正規雇用といわれるが本来、この自由はこの社会での雇用環境が整い、職業の選択幅があってこそ機能するものではないのか。

　以上、ドラマの中から読み取れる視点のほんの一部分を紹介させてもらった。読者の皆さんには、ぜひ全話を通してみて頂き、「住民自治」や職業選択や移動の自由などの「経済的自由権」の意味について改めて考えてもらえたらと思う。

（榴澤幸広）

28 働き方と労働基本権

—— 「フツー」に働くのは楽じゃない?

‖『フツーの仕事がしたい』土屋トカチ監督、2008年［日本］

「フツーの仕事」って何だろう 私たちは生きるために何らかの「仕事」と付き合っていかなくてはならない。あなたはどんな風に働きたいだろうか。すごくハードに働いてガッツリお金を稼ぎたいか。それとも収入は低くてものんびり働きたいか。それとも「フツー」に働いて「フツー」に収入を得て、「フツー」に生活したいだろうか。どうすれば「フツーの仕事」ができるのか。そもそも「フツーの仕事」ってなんだろうか。本作はこのことを観客に問いかける、そんなドキュメンタリー映画である。

　本作の主人公である皆倉信和さん（撮影当時36歳）の仕事はセメント（コンクリートの原料）輸送だ。工場でセメントをタンクローリーに積み込み、建設現場まで運んでいる。皆倉さんは車が好きで、今の仕事も気に入っている。しかし皆倉さんは困っていた。年々労働条件が悪くなっていくのである。「会社が赤字」という理由で一方的に給料が引き下げられるのだ。働いても働いてもまともに給料が支払われない。ひどいときには1カ月に552時間も働いたことがある。厚生労働省はいわゆる「過労死ライン」（労働災害が認定されて労災保険が支給されやすくなる労働時間）として、2～6カ月で平均240時間、もしくは1カ月で260時間と定めている。皆倉さんの労働時間はその2倍以上（！）であり、その異常さは一目瞭然だ。とうとう皆倉さんは「このままではマズい」と感じ、外部の労働組合（労組）に相談して労働条件の改善を実現しようとする。しかし労組が会社と交渉を始めた途端、暴力団まがいの男たちが介入してきて皆倉さんたちに嫌がらせを始め（男たちは皆倉さんの母親の葬儀にまで乗り込んでくる）、ついに皆倉さんは倒れて入院してしまう。これに対し、労組は驚く

『DVD BOOK フツーの仕事がしたい』／土屋トカチ監督作品／旬報社／本体3,200円＋税

べき方法で反撃に出るのだった……。

あなたの職場は「フツー」だろうか

昨今、テレビやネットでも「ブラック企業」に関するニュースがしばしば取り上げられる。けれど本作に出てくる労働環境には度肝を抜かれるのではないか。この映画の主な舞台は2000年代半ばだが、まさか21世紀の日本でこんなことが起こっていたとは……。映画を見終わった後、あなたはどう思うだろう。「自分だったらこんな仕事すぐに辞めてやる」、あるいは「自分の職場の方がずっとマシだ」とか？

確かに皆倉さんの労働条件は極端にひどい。まともな部分を探す方が難しいくらいだ。だが、あなたの労働環境（あるいはあなたがこれから就く労働環境）は、皆倉さんの労働環境と全く違うと言い切れるだろうか。例えば長時間労働。日本の労働基準法（労基法）32条では法定労働時間を1日8時間、1週間で40時間と設定している。だが、いわゆる正規労働者で毎日8時間以内で仕事が終わって家に帰れている人が一体どれだけいるだろうか。「残業も必要な時もある」という意見もあるだろう。そうかもしれない。では、その残業代（厳密には労基法37条が定める時間外労働の割増賃金）はきちんと支払われているだろうか。この点がしっかり守られていない会社はとても多い。こうした労働時間管理のルーズさが背景にあり、いまだに日本では過労死が起こり続けている。これが日本の「フツーの働き方」なのだ。

憲法27条1項は「すべて国民は、勤労の権利を有し、義務を負ふ」と定め、その実現のために同条2項で「賃金、就業時間、休息その他の勤労条件に関する基準は、法律でこれを定める」としている。この規定に基づいて労働法（労働について定めた法の総称）が定められているわけだが、その1つである労基法は1条1項で「労働条件は、労働者が人たるに値する生活を営むための必要を充たすべきものでなければならない」と述べている。この条文が、憲法25条1項が保障する生存権（「健康で文化的な最低限度の生活を営む権利」）を意識していることは明らかだろう。したがって、労基法が守られていないことは生存権の実現に必要な「最低限度」の基準さえクリアできていないことを意味するわけである。私たちはもっとこのことを深刻に捉えるべきだろう。私たちの「フツー」の労働環境と皆倉さんの労働環境は確かに同じではないだろう。けれど労働法がきちんと守られていないという点では、両者は地続きではないだろうか。

労働基本権という武器 この映画を観て驚かされるのは、皆倉さんがそれまでの働き方を「フツー」だと思っていたということだ。周りから見ればどう考えてもとんでもない労働条件にもかかわらず、皆倉さんたちは「そういうものだ」と思い、ひたすらそれをこなそうとしてきた。これは本当に恐ろしいことだ。そして私たちの多くもまた自分の働き方を「フツー」だと思っているが、それが正しいとは限らない。それは常に問い直される必要がある。だからこそ働く人はまず労働法の定める最低基準をきちんと知っておかなくてはならない。とりわけ民間企業は市場競争にさらされ、経営者は人件費削減の誘惑に駆られやすい。だからこそ労働者が労働法を知らないと、労働条件が底なしに悪化しかねない。

しかし労働法を知っているだけではダメだ。もし労働法が破られた場合、それをきちんと守らせることが必要になる。そのために政府は全国に労働基準監督署（労基署）を設置し、労働法が守られているかを日々チェックしている。しかし労働基準監督官の数は会社数に比べて圧倒的に足りず、違法行為があってもチェックしきれていないのが現状である。だとすれば、自分の職場で劣悪な労働環境であっても泣き寝入りするしかないのだろうか。

そこで活躍するのが労働組合である。労組とは「労働者が主体となつて自主的に労働条件の維持改善その他経済的地位の向上を図ることを主たる目的として組織する団体」である（労働組合法2条）。憲法28条は「勤労者の団結する権利及び団体交渉その他の団体行動をする権利」を保障している。ここに出てくる3つの権利は労働基本権（あるいは労働三権）と呼ばれるが、基本的には労働組合によって労働条件の改善を求める権利と考えればよい。まず団結権は労組を結成する権利である。この点、日本は「自由設立主義」を採用しており、2人以上の労働者が集まれば手続なしにその場で労組をつくることができる。ウソのようだが本当の話だ。

次に団体交渉権は労組が雇い主（使用者）と労働条件の改善のために団体交渉（団交）をする権利である。使用者には誠実交渉義務が課せられ、正当な理由なく団交を拒むことは不当労働行為として法的に禁止されている（労働組合法7条2項）。

ただし誠実交渉義務があるといっても、使用者には労組の要求をそのまま受け

入れる義務まではない。

　そこで最後に登場するのが団体行動権（争議権）、すなわち争議行為を行う権利だ。争議行為とは業務の正常な運営を妨げる行為のことで、ストライキ（働くことを拒否すること）やスローダウン（通常よりもわざと能率を下げて働くこと）などをいう。要するに会社に合法的に「嫌がらせ」をして、労組側の要求を飲ませようというわけである。通常、こういうことをすれば会社から懲戒処分を受けたり（民事責任）、刑法の威力業務妨害罪など（刑事責任）に問われたりする。だが、労組の合法的な争議行為には民事・刑事責任が免除される。これが団体行動権の力だ。日本ではこれらの労働基本権が憲法によって保障されているわけである。

「フツーの仕事」を守るには

だが、ちょっと待ってほしい。そんなにスゴイ権利が保障されているのに、なぜ本作のようなトンデモ労働環境が生まれてしまうのか。そして、なぜ日本から「ブラック企業」がなくならないのか。その原因はいろいろ考えられるが、１つの理由としては労働基本権が労働者によって十分に活用されていないという点が挙げられる。そもそも日本で労働組合に参加している人は少なく、2020年時点で労働者全体の約17％とされている（戦後直後は50％近くあった）。強力な武器があっても使われないのだから、使用者にとってはありがたい話である。まあ高度経済成長期は会社も気前がよかったので労働基本権を使わなくても真面目に働けば安定した生活を送れる労働者が多かったともいえる。しかし今の日本は違う。以前のような経済成長は難しくなり、また「国際競争に勝つため」などという理由で労働法が規制緩和され、非正規労働者が増えている。「フツー」に働けば「フツー」に暮らせる、という願いはもっともなものだ。しかし今の時代はそのささやかな願いも難しくなっている。本作が伝えるのは、「フツー」に働くためには、ときとして「フツー」でない努力が必要になるということ、そして自分が「フツー」と思っている働き方が本当に自分の健康や幸福にとって望ましいものかを常に問い直す必要があるということだろう。もちろんそれはなかなか大変なことなのだが、皆倉さんという「フツー」の人が勇気を出して助けを求め、ときには逃げ出しそうになりながらも、労働基本権を手に労組の仲間とたたかう姿は、映画を観る人に「あなたはどうする？」という問いを投げかけているように思われる。

（岡田健一郎）

29　学校は勉強だけじゃない

‖『ちはやふる　上の句』小泉徳宏監督、2016年［日本］

憲法で教育は？　憲法で教育というと、憲法26条の教育を受ける権利の話で、国民には学習権がある、義務教育は無償だと……勉強の話ばかりだ。でも、学校は勉強だけじゃないはずだ。そう、小学校には楽しい給食の時間もあった。中学校では修学旅行があった。部活もある。友情、恋愛だって。

　甲子園に出たくて、野球の名門高校に入る人もいれば、公立中にはない「てっけん」（鉄道研究会）に入りたくて、中学受験を目指す小学生もいる。こんなリアルな話はどこの憲法の教科書にも書いていない。

競技かるた部　この映画は、高校の競技かるた部の話である。

「ちはやぶる　神代も聞かず　竜田川　からくれなゐに　水くくるとは」

「ちはやふる　―上の句―
通常版」／Blu-ray&DVDセッ
ト発売中／¥3,500＋税／発
売・販売元：東宝／©2016映
画「ちはやふる」製作委員会
© 末次由紀／講談社

　映画の題名『ちはやふる』は、この在原業平の歌から取られている。

　競技かるたとは、小倉百人一首を使用し、100枚の「下の句」が書かれた取札から無作為に25枚を選んで自陣に並べ、読み手が読み上げる「上の句」を聞いて両陣の札をとりあう競技である。相手の陣地から札をとった場合は、自陣から一枚相手に札を送り、はやく持ち札をなくしたほうが勝ちとなる。

　もちろん小倉百人一首すべての「上の句」と「下の句」を暗記していることが前提となり、国語の授業で暗記したレベルでは太刀打ちできない。映画をみて頂ければわかるが、競技かるた部は文化部ではあるが、まるで

運動部のようだ。競技かるたは「畳の上の格闘技」とも呼ばれている。

　主人公は綾瀬千早であるが、話は小学6年生のときから始まる。福井から来た転校生の綿谷新と出会って、競技かるたを知る。新の夢は競技かるたで名人になり、日本一になることだった。千早、新、そして真島太一の3人組が府中白波会に入って本格的にかるたを始める。

　新が福井に引っ越すことが決定した直前、千早、新、太一の3人は団体戦にチーム「ちはやふる」を結成して挑んだが、敗北した。3人は、「競技かるたを続けてさえいればいつかまた逢える」と再会を約束し、新は福井へ、太一は中学受験を経て、大学までエスカレータ式の開明成中学校に進学し、3人はバラバラになる。

高校での部活

場面は高校時代に移る。千早は瑞沢高校を受験して入学するが、太一もなぜか千早と同じ高校に進学する。競技かるた部がなかったことから、部を新しく作ることから始まるのだ。

　憲法には高校の「部活」、そして高校で何を学ぶかについても書かれていない。憲法26条には「すべて国民は、法律の定めるところにより、その能力に応じて、ひとしく教育を受ける権利を有する」として、教育を受ける権利、すなわち学習権が規定されているだけである。

　ではどこに書いてあるのか。この「法律に定めるところにより」の「法律」の一つである教育基本法にも「部活」も「高等学校」という言葉もない。学校教育法でやっと「高等学校」が出てくるが、同法50条に「高等学校は、中学校における教育の基礎の上に、心身の発達及び進路に応じて、高度な普通教育及び専門教育を施すことを目的とする」として目的が規定され、同法51条に目的を実現するための目標として、「義務教育として行われる普通教育の成果を更に発展拡充させて、豊かな人間性、創造性及び健やかな身体を養い、国家及び社会の形成者として必要な資質を養うこと」「社会において果たさなければならない使命の自覚に基づき、個性に応じて将来の進路を決定させ、一般的な教養を高め、専門的な知識、技術及び技能を習得させること」「個性の確立に努めるとともに、社会について、広く深い理解と健全な批判力を養い、社会の発展に寄与する態度を養うこと」が掲げられているだけである。

　このような法律の文言もみても、「部活」に関係あるのかはまったくよくわか

らないであろう。「部活」がやっと出てくるのは、学校教育法52条に基づき文部科学大臣が定めることになっている学習指導要領においてである。

　以上は、いわゆる委任立法であるが、「部活」のようなありふれた活動の法的根拠を探るのも意外に大変なのである（部活を愛してやまない人にとっては、憲法を改正して、部活の権利を明記したいところかもしれない。憲法の議論で、スポーツの権利は聞いたことがあるが、部活の権利はあまり聞いたことはない）。

　高等学校の学習指導要領の総則部分には、「生徒の自主的、自発的な参加により行われる部活動については、スポーツや文化、科学等に親しませ、学習意欲の向上や責任感、連帯感の涵養等、学校教育が目指す資質・能力の育成に資するものであり、学校教育の一環として、教育課程との関連が図られるよう留意すること」（下線筆者）と明記されている。部活の種類は示されていないので、競技かるた部を設置するかどうかは、各学校の判断、つまり憲法学的にいえば、学校の自治に委ねられている。

　ところで、スポーツ庁の「2017年度運動部活動等に関する実態調査」によると、文化部に入るのは、高校生の約25％である（運動部は約50％）。吹奏楽部や美術部のメジャー部活のほか、軽音楽、茶道・華道、調理、ボランティアなどの部活もあるが、競技かるた部はまだまだ数は少ない。また文化部は、運動部と異なり、１〜３時間と活動時間が短く、日曜日の活動がない傾向がみられる。

　そして文化部は運動部と比べ、顧問の競技経験が乏しいことが多く、この映画でも、顧問の宮内先生は、競技かるたの経験はなく、当初、テニス部、バドミントン部、化学部の顧問だったが、後にかるた部の顧問も兼ねることになるという設定である。

　部活と政教分離　憲法20条は「国及びその機関は、宗教教育その他いかなる宗教的活動もしてはならない」として、政教分離原則を定めている。また教育基本法15条２項でも「国及び地方公共団体が設置する学校は、特定の宗教のための宗教教育その他宗教的活動をしてはならない」とする。しかし、小倉百人一首競技かるた全国高等学校選手権大会の舞台となっている場所は、滋賀県大津市にある近江神社である。神道という「特定の宗教」の（近江神社では天智天皇を祀る）施設である。それに本物の大会では、後援に文部科学省、滋賀県、滋賀県教育委員会、大津市、大津市教育委員会、そしてＮＨＫ大

津放送局も含まれており、これは政教分離原則に違反しているのではないのだろうか。

部活の全国大会に宗教施設が利用されるのは、これだけではない。吹奏楽部の甲子園と呼ばれたのは、普門館（現在は解体）であったが、これは立正佼成会という仏教の教団施設の一部である。

最高裁は津地鎮祭事件で、「行為の目的が宗教的意義をもち、その効果が宗教に対する援助、助長、促進または圧迫、干渉等になるような行為」は政教分離原則に違反し、違憲という基準（目的・効果基準と呼んでいる）を立てている。この基準に照らせば、目的は「小倉百人一首を通じた高校生の競技かるたを支援することにより、高校生の健全な育成に資すること」になろうか。となると、目的は世俗的といえよう。しかし、効果はどうだろうか。全国大会に出場した高校生の多くが天智天皇を神として崇める信仰をもつようになるとはあまり思えないが、キリスト教の信仰をもつ競技かるた部員からすれば、全国大会が特定の宗教施設で行われることについては、信仰上の違和感がないとはいえないであろう。最高裁が目的・効果基準を用いる際の注意として示したように、一般人の感覚をふんだんに取り入れないと、合憲とはいえないかもしれない（もっとも最高裁判決の相場観からすれば、「社会通念」に照らして、客観的ないし総合的に判断して、相当とされる限度を超えたものではないとして、合憲になると考えられる）。

もっともこんな違和感を部活で表明したら、いじめの対象になるだろうか。

ちなみに、甲子園を見ても、強豪校のPL学園はPL教団（現在は、廃部）、天理高校は天理教、智辯和歌山・智辯学園は辯天宗、創価学園は創価学会……と、見方を変えれば、甲子園は宗教戦争の場といえるかもしれない。

……このような感じで、憲法の視点からみると、この映画もつまらなくなるだろうか。「ひとりじゃない」「つながろう」「絆を信じる」「大切な人のために」。憲法の授業では出てこないような熱い青春映画で、みなさん、ぜひ涙してください。

（斎藤一久）

30 命に関わる情報に格差があってはならない

‖『架け橋　きこえなかった3.11』今村彩子監督、2013年［日本］

今村彩子という個性　この作品は、東日本大震災が発生した11日後、監督が東北のろう者の現状を伝えるために宮城や福島を訪問したことを皮切りとして、2年4カ月かけて取材した内容をまとめたドキュメンタリーである（本編は2011年3月から2013年7月までの様子が映っているが、DVDの特典映像にはその後の様子〔2014年2月〕も映っている）。監督は、大学教員でもある今村彩子氏。最近だと、ろう・難聴LGBTに取材した『11歳の君へ　いろんなカタチの好き』（2018年）、生まれつき耳の聴こえない監督自身が沖縄から北海道へ自転車で57日間日本横断する『Start Line（スタートライン)』（2017年）などの作品を紡ぎ出し、自身も含め様々な人々の生き方に光を当ててきた稀有で重要な存在である。彼女の作品はいつも、多様な個性をもった人々がこの世界には存在することを認識させてくれ、その個性とどう関係性を結んでいったらよいのか考えるきっかけを与えてくれる（憲法13条や14条などと関係する内容）。

震災における情報格差　だから、今回紹介する作品『架け橋』のみどころも無論すべてである。しかしここでは、DVDのパッケージにも書かれているキーフレーズ、「命に関わる情報に格差があってはならない」の部分を取り上げることにする。このフレーズの通り、震災時、そして震災後も、耳の聞こえる人とろう者との間に情報格差が存在していた。映画では、津波警報が聞こえず近所の人に避難警報を伝えてもらい助かった話、おむすびの配給など避難所での放送が聞こえないため、視覚から情報を得ようと朝から晩まで気を張り詰めストレスをためてしまっている様子、NHKの画面は原発に関する枝野官房長官の説明だけで内容がわからないという話など様々映し出されている。

©Studio AYA

　この点、監督自身も現場撮影時、震度６の余震を初めて体験しその直後の津波
警報のサイレンが聞こえなかったという経験をする。さらにその日の夜、いわき
市内に宿泊した時にもテレビが何をいっているかわからない体験をする。仮に停
電になったら……。この映画は、ろう者にとって「目に見える情報」がものすご
く重要でそれが途切れることは世界との繋がりが切れてしまうということを教え
てくれる。そして、監督の上記のような現場経験は、いかに日本社会が音声言語
中心主義であるかも改めて感じさせられるものである。しかし、それぞれの言語
は使用する当事者たちの経験や文化に根付くものであり、大事なコミュニケー
ション手段である。したがって、ろう者が使用する手話や盲ろう者が使用する触
手話など様々な個性をもった当事者が使用する言語に本来優劣などあるはずがな
い（というよりも、あってはならない）。それが実現の方向性に進んでいないのであ
れば、すべての人々の個性を尊重し、あらゆる差別を無くしていこうとする憲法
の考え方は絵に描いた餅になってしまう。ましてや、言語差別や言語虐殺を行っ
てきた大日本帝国の政策を反省した上に日本国憲法が誕生しているのであれば、
これらの立法目的が踏まえられていない言語政策が行われてきたことはおかしい
ことになる。

現在の日本と障害者　　なぜ、このような事態が生じてしまったのか……結論を
先取りするならば、上記のような憲法の考え方が浸透し
ていないからである。例えば、大阪市長で日本維新の会代表の松井一郎氏は2019
年７月31日、在職中の公的補助による介助を求める重度の障害のあるれいわ新選
組の参議院議員２人に対し、「（大阪府知事時代、）公的補助を受けずに電車通勤して
いる全盲の職員もいた。危険だが、努力で克服していた」と述べ（例えば、2019
年８月１日付東京新聞）、様々な障害の状態があること、そして状態によって支援
内容が違うことを踏まえていない発言をしていた。憲法尊重擁護義務のある市長
が、憲法が実現しようとする共生社会の形や内容を理解していないのである。

　この点、本編では、宮城県ろうあ協会の小泉会長が、高齢のろう者の中には戦
時中教育を受けなかったり、学校を卒業していない人が大勢いることから新聞や
ニュース番組の字幕も理解できないことを認識しており、彼らに対し様々な支援
を行っているシーンが描かれていた。要するに、ろう者一人ひとりの個性も多様
なのである（この点、ヴォーカル＆手話パフォーマーのHANDSIGNのミュージックビ

デオ『僕が君の耳になる』や『この手で奏でるありがとう』はろう者の多様な存在を知る
きっかけとしてとても勉強になる作品である)。

関東大震災と
マイノリティ　このような無理解や無意識が当然なものになってしま
うとどのような問題が生じるのか。日本国憲法には、政府
が引き起こした最大の人権侵害である戦争の惨禍を二度と繰り返させないように
するために当該憲法が制定されたこと（前文）、自由を奪われたり差別されてき
た人々が訴え続けてきた声が少しずつ取り入れられ、様々な人権が保障されるよ
うになったこと（97条）が示されている。そのことを踏まえるならば、歴史分析
は重要であり、過去のこのような震災時に対するろう者やマイノリティが被った
被害を改めて確認する必要があるのである。そこで、ここでは関東大震災の事例
を取り上げることにする。関東大震災は1923年9月1日正午頃、関東を中心に広
範な被害を及ぼした（マグニチュード7.9、死者数10万5385人）。ただ、その大混乱の
最中、「朝鮮人が暴動」、「朝鮮人や社会主義者の放火多数」、「朝鮮人が東京市全
滅のため爆弾・毒薬を使用」などとどこから発せられたかわからないデマが真実
かのように扱われた結果、自警団、警察や軍隊により、6600人以上の朝鮮人や
700人以上の中国人が虐殺されるという人災も生じた。9月2〜4日にかけ、勅
令に基づき戒厳令が一部適用され、東京市と隣接五郡、東京府、神奈川、千葉、
埼玉までその範囲が拡大していったこともこの人災に拍車をかけた。自警団など
が朝鮮人か日本人かを選別する際に行った方法の一つが言語使用による選別で、
「君が代を歌え」とか「(朝鮮語では発音しづらい) 十五円五十銭と言ってみろ」
だったという。しかし、日本人であるはずの、方言を使用する香川の行商人一行
やろう者も虐殺されている。前者は、震災から約5日後の9月6日、茨城県の方
に行商に行こうとした香川の部落出身者である行商人一行（香川県発行の鑑札〔販
売許可証〕持参）15名の内9名（内、子ども3名。胎児を含めると計10名）が福田村三
ツ堀の辺りで、福田村と田中村（現在の千葉県野田市と柏市）の自警団数百人に短
期間の内に取り囲まれ虐殺された事例である。香川の言葉が現地の人々に耳慣れ
ない言葉であったことから朝鮮人と疑われた可能性があるといわれているが真相
は定かでない。後者は、当時の新聞によれば、震災後、言葉が通じないため、多
数のろうあ者が傷害を受け、一人のろう者が殺害されたという。これらの事件を
うけ、東京ろうあ学校は朝鮮人と間違えられないように生徒に印章を着けさせた

ともいう（詳細な分析は、小薗崇明『関東大震災下における虐殺の記憶とその継承』専修大学大学院博士論文〔2014年〕）。

事前準備の大切さ　このような事態が生じないようにするには何が必要なのか。この点、神戸大震災以来、長年被災地支援を行ってきた永井幸寿弁護士は、現行日本国憲法や災害対策基本法など日本の法制度は災害対応に関してものすごく整備されているという。しかし、災害対策の原則は「準備してないことは出来ない」のであって、東日本大震災での国や自治体の不手際はほとんどが適正な準備をしていなかったことが原因としている（永井幸寿「憲法は災害対策の障害になるか」清末愛砂他編『緊急事態条項で暮らし・社会はどうなるか』〔現代人文社、2017年〕、31頁）。映画では、小泉会長が宮城県庁に20年にわたって繰り返し、情報格差をなくすために、情報提供センターの必要性を訴えてきたことが取り上げられているが正にそれである。更に、「待っているだけでは社会は何も変わらない」とし、自分たちでできることとして、仙台市の街中にろう者と聞こえる人の交流の場である「手話ショップ」を立ち上げる話も描かれている。「手話を通して地域の人とつながることができれば災害が起きた時にお互いに助け合うことができる」からだという。この点、「障害者が避難所に来たら」を意識した避難訓練や避難所体験、ラジオやマンガの作成を行った豊橋市障害者福祉会館さくらピアの取り組みなども映画でふれられているわけではないが関連する試みとして重要であろう。

この事前準備の話に関し、2019年10月の台風時、区民じゃないという理由で東京都台東区の職員が自主避難所に身を寄せたホームレスの男性らの受け入れを断った事例が発生した。この件は避難所運営に対する経験不足が指摘されているが、職員に対し人権教育がなされていない事例でもあるだろう。

この点、安倍前首相により緊急時の首相権限を強化する緊急事態条項の創設も含む憲法改正が繰り返し訴えられてきた。しかし、近年の平時ですら、国自体が障害者に対して差別的な取り組みを行ってきたのである（例えば、障害者雇用水増し問題や優生保護法下での不妊手術問題に対する対応）。この点に関する意識変革がなければ、いかなる改正をしようが同じ轍を踏む可能性がある。この映画をきっかけに、このような論点についても考えてみる必要もあるのではないだろうか。

（榎澤幸広）

30　命に関わる情報に格差があってはならない

31 踊る「職業選択の自由」

——自分らしく生きるということ

‖『フラガール』李相日監督、2006年〔日本〕

自分らしく生きる 「自分らしく生きる」ということ——個人の尊重や幸福追求権（憲法13条）や思想良心・表現の自由（憲法19条・21条）等が重要なのはすぐ分かる。だが、それ以前に、それなりの衣食住が確保されていなければ生きていけない。経済的自由権や社会権はそのためにある。とくに、「自分らしく生きるために自分の進むべき職を選ぶ」ための職業選択の自由（憲法22条1項）は、「ワーク・ライフ・バランス」の問題等を含めて、人生選択そのものにかかわる権利自由の保障だといってよい。

　事実を基にした映画『フラガール』は、1965（昭和40）年、現在の福島県いわき市の少女の目が「ハワイアンダンサー」の募集チラシに釘づけになるところから始まる。主要産業であった常磐炭礦が、石油へのエネルギー革命などにより事業縮小に追い込まれ、大幅な整理解雇に踏み切らざるをえなくなった。それは「一山一家」を掲げる炭鉱町自体の存亡の危機でもある。窮地に陥った常磐炭礦がその打開策として打ち出した新規事業が、炭鉱に湧き出た温泉を活用したリゾート施設「常磐ハワイアンセンター」の建設・開業であった。炭鉱労働者家族の雇用の創出、地元の活性化および新たな収入源の確保等を見込んで。

『フラガール』／DVD & Blu-ray 発売中／ブルーレイ：4,700円（税抜）／DVD：2,267円（税抜）／発売・販売元：ハピネット／(C) 2006 BLACK DIAMONDS

　炭鉱から観光へ。「東北のハワイ」というキャッチフレーズの下、その最大の目玉とされたのが、炭鉱関係者の娘たちで結成された「フラガール」によるフラダンス等のショーであり、そのための募集が映画冒頭のチラシなのだった。指導者を東京から呼び寄せてダンス・レッスンを始めるものの、時代的にも地域的にもダンサーといった職業への偏見・差別も強く、肌の露出度が高い衣

装で独特のフリで踊るハワイアンに批判的な人もあった。ただでさえ当時は女性が専門職で活躍すること自体について理解に乏しく、そもそもリゾート新事業に反対していた人たちも少なくなかった中で、前途多難な出発であった。映画は、都会から来たダンス講師という〈よそ者〉の視点を介して、ダンサーを夢見る女性たちとその家族との葛藤、炭鉱労働と地方の現実、伝統的な共同体と異文化コミュニケーションの困難などの悲喜こもごもを踏まえつつ、フラガールと常磐ハワイアンセンターの立ち上げから成功までの格闘を笑いと涙で物語る。

　ちなみに、常磐炭礦の閉山後、関連する膨大な「常磐炭礦資料」は福島大学旧経済学部に寄託され、現在は同大学 CERA 資料室で保管されている（非公開）。

職業選択の自由（憲法 22 条 1 項）

「オレ母ちゃんみたいな生き方したくねぇ。これからは女も堂々と働ける時代だっぺよ。……オレの人生、オレのもんだ！　ダンサーになろうが、ストリッパーになろうが、オレの勝手だべ!!」と、映画の中で炭鉱家族の娘は口答えして昔かたぎの母親にビンタされる。当時の地元女性は炭鉱労働を手伝うのが当然だった。娘は家を出た。その後の彼女とフラガールの奮闘の結末は、ぜひ映画をご覧いただきたい。

　さて、映画の内容は、家庭内における職業選択をめぐる親子問題が中心なので、直接には憲法の出番はない。いうまでもなく、憲法は第一義的には対公権力の法であって、市民の憲法上の権利も公権力に対抗するためのものだからだ。最高裁は、「職業は、人が自己の生計を維持するためにする継続的活動であるとともに、分業社会においては、これを通じて社会の存続と発展に寄与する社会的機能分担の活動たる性質を有し、各人が自己のもつ個性を全うすべき場として、個人の人格的価値とも不可分の関連を有するものである」と判示しているが（薬局距離制限違憲判決最大判1975〔昭和50〕年4月30日民集29巻4号572頁）、職業選択の自由とは、公権力による規制を原則として受けることなく、市民各人が就職・転職・退職等を自己決定するという、人格的価値と不可分の自由である。一般には、職業選択だけでなく選択した職業活動を行っていく「営業の自由」も憲法22条1項で保障されていると考えられている（ただし、営業の自由は「人権」なのか「公序」なのかという憲法論の根幹にかかわる重大な論争があるが、ここでは割愛する）。

　かつて近代以前の封建的な身分制社会においては、自由も平等も制約されていたため、生まれ（身分）によって職業も決まっていたし、土地の移動も制限され

ていた。たとえば、農奴の家に生まれた者は、才能や実力のいかんにかかわらず、原則として生涯を農奴として生きるほかなく、封建領主が確実に収入を得ることができるように領地に縛りつけられていた。日本国憲法上、同じ22条1項で職業選択の自由と並んで「居住・移転の自由」が保障されているのも、こうした歴史的な背景とその反省によることが分かる（明治憲法では、「居住及移転ノ自由」は22条で「法律ノ範囲内ニ於テ」保障されていたが、職業選択の自由の規定はなかった）。そして、これらの自由は、場所を移動し交通することで人々とコミュニケーションすることと密接に関係しながら、個人の人格形成につながっている。いまや私たちは自己実現の一環として、自分の夢を追って、本人の才能と努力次第で、好きな職業の道を進むことができるようになったのだ。

　もっとも、文言上に「公共の福祉」による制約が明記されている職業の自由などの経済的自由権には、表現の自由などの精神的自由権とは異なり、公権力による合理的な制限が認められやすい。いくら自分が「ブラック・ジャック」（手塚治虫の漫画の主人公のモグリの医師）に憧れているからといって、無免許でいきなり医療行為を行うことが許されないことは、いうまでもない。他人の生命や生活に大きな影響を与えうる職業には、資格（免許）制や営業許可などの各種の規制がかけられている。規制には、大きく言って、（1）人の生命や健康に対する危険を防止するための「消極目的規制」（許可制など）と、（2）経済社会の円満な発展をはかるための経済政策的な「積極目的規制」（特許制や独占禁止法上の規制など）の2種類があるといわれている。もちろん、不合理な規制は違憲となりうる（先ほど引用した旧薬事法上の薬局距離制限の違憲判決）。

福島と憲法と3.11　映画の舞台である福島県は、もともと「憲法」と縁の深い土地柄として重要である。戊辰戦争以後の近代以降に限っても、明治期自由民権運動にかかわる福島事件（1882年）、太平洋戦争末期における戦争国策によるウラン採鉱強制、戦後最大の冤罪事件といわれる松川事件（1949年）などの現場であるだけでなく、日露戦争時に「日本最初の良心的兵役拒否者」となったとされる矢部喜好（耶麻郡木幡村（現・喜多方市）出身1884-1935年）、太平洋戦争後に民間の「憲法研究会」の主要メンバーとして民間憲法草案である「憲法草案要綱」を起草しGHQ草案に影響を与えたといわれる鈴木安蔵（相馬郡小高町（現・南相馬市）出身1904-83年）、そして、日本国憲法の「憲法制定

議会」となった第90回帝国議会において衆議院議員・衆議院帝国憲法改正小委員会のメンバーとして政府案を加筆修正して現行憲法の成立に大きな役割を果たした鈴木義男（白河市出身1894-1963年）などの出身地でもある。この意味で、日本の立憲的精神の源流の一つに「福島」があるといってもよく、その精神は、とくに鈴木安蔵・鈴木義男の「W 鈴木」らを介して、現行日本国憲法に流れ込んでいる。

　このような福島で発生したのが2011.3.11原発震災であった。常磐炭礦も戦前は国策としての役割を担ったが、現代の国策民営の典型が原子力発電所である。福島原発事故により、被災者は避難を余儀なくされ、衣食住が奪われ、〈ふるさと〉を喪失した。地元の産業も衰退し、風評被害も追い打ちをかけた。まさに、人格権（憲法13条）に結びついた「居住・移転・職業選択の自由」それ自体が丸ごと侵害された。いや、職業選択の自由以前に、そもそも「職を失った（職がない）」という状況で、「健康で文化的な最低限度の生活を営む権利（生存権）」（憲法25条1項）に基づく「勤労の権利」（憲法26条1項）自体が奪われたのであった。

みなさんへお願い　現実の社会には、いろいろな人がいる。多様な人々の多元的な生き方が平和的な共生の中で実現できる社会の建設を、前文で「全世界の国民の平和的生存権」理念を掲げ、「個人の尊重」（憲法13条）を基調とする現行の日本国憲法は要請しており、不遇な境遇のために生活や就職などが困難な人々のサポートを国に命じている。

　あなたはどんな人生を送るのだろうか？　自分の人生は自分で決める。「自分らしく生きる」ということ。それを憲法が保障してくれている。もしあなたが少しでもそのような権利自由を行使できる幸運な環境にあるのなら、あなたの貴重な権利を行使しつつ、一方で、そのような権利自由を守り、他方で、そのような権利自由を行使できる環境にない人たちのことにも配慮していただきたいと思う。新型コロナ禍以後の世界にあっては、一層。

　最後にみなさんにお願いがある。あわせて、ドキュメンタリー映画『がんばっぺフラガール！』（小林正樹監督、2012年［日本］）も、必ずご覧ください。

（金井光生）

32 「法の下の平等」と人種差別克服の過程

『**大統領の執事の涙**』（Lee Daniels' The Butler）リー・ダニエルズ監督、2013年［アメリカ］

法の下の平等と人種差別

日本国憲法14条は法の下の平等を規定するが、日本社会には様々な差別がある。憲法規定の存在だけでは差別はなくならず、平等の達成には憲法の精神に基づく人々の取組が不可欠である。憲法の平等の精神に基づいて人種差別を解消していったアメリカ合衆国の歴史を見ることは、日本において重要である。

　セシルは合衆国南部の農場で生まれ育った。母は、白人の主人によって強姦された。主人に反発した父は、主人に射殺されてしまう。成長したセシルは農場を出て、やがて、ワシントン DC の高級ホテルに勤める。仕事ぶりがホワイトハウスの事務主任ウォーナーに認められ、ホワイトハウスに執事として勤める。以来、セシルは、アイゼンハワーからレーガンに至る 7 人の大統領に仕えた。セシルがホワイトハウスに勤めた1950年代から80年代のアメリカ合衆国では、公民権運動の機運が大きく高まり、差別主義者による激しい反発がありながらも、マイノリティの権利保護が大きく進んだ。

「大統領の執事の涙」／© 2013, BUTLER FILMS, LLC. ALL RIGHTS RESERVED.／発売元：カルチュア・パブリッシャーズ

　セシルは、白人に仕えて実直に仕事をし、黒人は能力が低いという白人の偏見を変えることで差別をなくそうとした。彼は、過激なデモは激しい反発を招くため、否定していた。他方、長男のルイスは白人に仕える父に反発し、権利と自由を行動で主張することこそが差別をなくすと考え、人種差別撤廃運動に参加する。違う方法で人種差別撤廃のためにたたかった父と息子の人生を、各時代の人種差別撤廃へ向けた出来事と絡めてみていくことで、本作品は如何にして人種差別が克服されていっ

たのかを描いている。

　奴隷制の廃止後、合衆国憲法修正14条に法の下の平等が規定されたが、人種差別は続いた。とくに、南部での人種差別は激しく、多くの黒人が差別主義者のリンチにより殺害されたが、犯人の多くは無罪となった。作中に出てくる1955年にミシシッピ州で起きたエメット・ティル事件もその一つである。14歳の黒人少年ティルはミシシッピ州に滞在した際に、白人女性に（性的な誘いを意味する）口笛を吹いたことで、残忍な方法で殺された。当時の南部では、白人男性と黒人女性が性的関係をもつことはあったが、多くの白人は黒人男性と白人女性の性的接触を絶対に許さなかった。シカゴ出身のティルはそれを聞かされていたが、殺されるとまでは考えておらず、南部は別世界だった。南部では、黒人男性と白人女性の性的接触を避けるために、学校などの公的施設を人種分離していた。

　1954年、ブラウン判決において、合衆国最高裁は公立の初等中等学校での人種分離が憲法違反だと示した。しかし、翌年のブラウンⅡ判決では、合衆国最高裁は、即時の学校の人種分離解消は大きな反発を招くため、「可及的速やかな速度で」行うべきという留保をつけた。作中では、これらの判決について、南部選出の連邦議会議員が「ニガーと白人少女が一緒の学校に？　徹底抗戦だ。首席裁判官はつるし首だ。」と発言している。

　ブラウン判決は黒人の子供たちにとって人種別学制が悪影響を及ぼすという理由から違憲判断を下しており、あらゆる人種区分は違憲の疑いが強いとする「カラーブラインド」の主張を前面に出せなかった。というのも、南部の白人は、黒人によって白人女性の純血を汚されるのを懸念し、この判決を突破口として、異人種婚禁止法が違憲とされるのを何よりもおそれていたからである。合衆国最高裁は判決が無視されることで、存在意義がなくなることをおそれており、社会が受け入れると考えるまで、違憲判断は下さない。異人種婚禁止法がラビング判決で合衆国最高裁によって違憲だと判断されたのは1968年であり、長い年月がかかった。

国家統合と人種差別　歴代の大統領は、合衆国を１つの国家としてまとめるのに苦労した。作中では、リトルロック・セントラル高校事件の対応に苦労するアイゼンハワー大統領の姿が描かれている。ブラウン判決を受けて、アーカンソー州のリトルロック市の教育委員会はリトルロック・セン

トラル高校での人種共学を決定した。1957年に9人の黒人生徒が同校に入学することになったが、多くの白人がこれに反発し、暴動の危険を口実に、州知事は黒人生徒の登校を阻止するために州軍を派遣した。南部では、州政府が人種分離に加担した。これに対し、リトルロック市長が大統領に合衆国軍の派遣を要請した。憲法の精神を守るべきと考えならがらも、軍隊の派遣によって国家内での分断と内戦を引き起こす可能性を考えて、アイゼンハワーは苦悩した。人種差別を解消する過程で激しい抵抗が起こり、国家が分断される可能性があった。他方で、こうした抵抗に対して敵意を抱き、黒人の側にも作中に登場するブラックパンサー党のように武力に訴える過激な組織も現れた。合衆国は移民国家であり、多種多様な人種を統合して国家を形成してきた。人種差別によって起こる人種間の争いは、国家統合を崩すおそれがあるため、歴代大統領の最大の懸念事項であった。

人種差別解消への動き　人種差別主義者による激しい抵抗がありながらも、1964年には公民権法が採択されるなど、合衆国の人種差別は徐々に解消へと向かった。これには数多くの理由があるが、黒人の政治的影響力の増加が1つの理由である。作中において、大統領選挙で勝利するために、黒人の支持を求める場面がみられる。ニクソン大統領は保守的な思想をもち、公民権運動による数々の成果の影響力を弱めようとしたが、自身の考えを貫徹するよりも「選挙での勝利が重要」だといっている。1960年代に黒人の有権者登録数が急増し、黒人は無視できない政治力をもっていたため、セシルをはじめ、黒人の職員たちにも支持を求めた。また、ニクソン大統領は、リベラルな判断を下してきたウォーレンコートの判決の影響力を排除するために、合衆国裁判所に自身の抱く思想を体現した判決を下すと考えられる保守的な人物を裁判官に任命しようとしたが、予想される政治的な反発を考えて、穏健な人物を任命していった。人種分離解消への極端な反対は、合衆国中の多数派によって支持されるものではなくなっていた。

　黒人への人種差別は、黒人への劣等視から生じている。白人は、能力が低いため、社会的に底辺に置かれるのは黒人の自己責任だと考えてきた。セシルは白人に仕えることで仕事ぶりを認めさせることで、黒人が劣等であるという意識を変えようとした。作中の場面で、マルコムXは給仕として白人に仕える黒人を批判したが、キング牧師はセシルと同じ考えに基づいて社会変革の為に執事は重要

な仕事だと説いていた。人は自らが直接触れたことに影響を受けるため、人種統合によって職場などで白人と黒人が接触することで、その仕事ぶりから黒人は劣っていないと考えるようになり、偏見がなくなっていく。ホワイトハウスでは、黒人職員の給与は低く抑えられ、管理職にも昇進できなかった。長い時間がかかったが、黒人の管理職昇進を認め、給与待遇も改善される場面が作中で描かれている。ルイスも最後には父の考えを認めるようになった。

デモなどの社会運動は、人種間の格差を是正しないでいると、合衆国に分断が生じると政治的指導者に考えさせた。作中では、大統領がデモの影響力を考えて政治的決断をする様子をセシルが目撃する場面が描かれている。人種差別解消のための運動には、黒人だけでなく、多くの白人も参加した。各人種の連帯により運動が大きな力をもち、憲法の理想の実現に近づく力になった。デモに批判的であったセシルも、晩年にはその力を認めるようになる。

レーガン大統領は公民権運動の成果やリベラルな裁判官による判決の影響の希釈に努めたが、作中において、共和党の議員から「人種問題を解決しないことはアメリカが世界の指導者だと認識されないことになる」と答えられている。レーガンは、自身の判断が本当に正しいのかを自問した。人種差別の反対する国際社会の動きは、合衆国の人種差別問題に大きな影響を及ぼした。

黒人大統領の登場と現在の合衆国

様々な要因で合衆国の人種差別は解消され、2008年には黒人のオバマが大統領に選出されるところにまで合衆国は変わった。合衆国の人口に占める有色人種の割合は大きく増えており、近未来を舞台としたアメリカ映画の中には黒人大統領が度々登場したが（『インディペンデンスディ』ローランド・エメリッヒ監督、1996年など）、ついに現実となった。

本作品は黒人と白人との関係を軸に人種差別を描いているが、現在の合衆国は、黒人以外のマイノリティが増えており、マイノリティの中でも黒人は多数派ではない。黒人は公民権運動が進む中で多くの地位を獲得し、いくつかの分野の公務員では人口比と比べて過剰代表になっている。ヒスパニックなどの他のマイノリティには、黒人のもつ地位を奪おうとする動きもみられ、マイノリティ同士で争いが生じている。移民の増加によって人種的な多様化が進む中で、合衆国では分断の火種が増している。

（茂木洋平）

33 「人間とは何か」という問いと向き合う

——なぜ「人権＝人の権利」は保障されるのか

『ブレードランナー』（Blade Runner）リドリー・スコット監督、1982年
［アメリカ・香港］〔原作：フィリップ・K・ディック（著）、浅倉久志
（訳）『アンドロイドは電気羊の夢を見るか？』ハヤカワ文庫、1977年
（初訳1969年。原著発行1968年）〕

ストーリー　舞台は近未来のアメリカ、ロサンゼルス。環境破壊の進行により常に酸性雨が降りしきる、鬱屈とした暗い世界。人類は宇宙植民地の開拓に乗り出す一方、地球に残された人間たちはごみごみとした大都市でひしめき合うように暮らしている。映し出されるシーンのほとんどは高層ビルが立ち並ぶ、夜の猥雑な大都会。怪しげな日本語や漢字の毒々しいネオンサインが明滅し、ビルの一面を使った巨大なスクリーンには日本の芸者を起用した「強力わかもと」のコマーシャル映像が流されている。そんな街中を、様々な民族・言語を話す人々の群れが傘をさして行き交っている。

『ブレードランナー　ファイナル・カット』／日本語吹替音声追加収録版　ブルーレイ（3枚組）　¥6,590（税込）／DVD　¥1,572（税込）／ワーナー・ブラザース　ホームエンターテイメント／TM & ©2017 The Blade Runner Partnership. All Rights Reserved.

その世界では、遺伝子工学の発達により、知力は人間と同等、体力では人間を遥かに凌駕するレプリカント（人造人間）が開発され、地球外における過酷な奴隷労働や戦闘に用いられている。彼ら（人間ではないので「それら」というべきか）には時の経過にともない「人間的な感情」が生じるため、その寿命は4年で尽きるように設計されている。しかし、人間とレプリカントの峻別は、きわめて困難である。その峻別という特殊技術を修得した専門の捜査官が「ブレードランナー」である。その任務は、人間に反逆し、人間にとって危険な存在となったレプリカントを探索し、「解任（原語は retirement）」（実質的には処刑・殺害）することである。

ある日、4人（4匹？　4体？　4台？）のレプリカントが人間に反旗を翻しスペースシャトルを奪取、地球に

侵入したとの報がロサンゼルス市警に届く。この４人を「解任」するために白羽の矢が立ったのが、元凄腕のブレードランナーであるデッカード（本作の主人公）である。気が進まないデッカードは、しかし元上司の脅迫に近い要請で渋々その任務を引き受け、捜査を開始する。

まずデッカードは、情報収集のためレプリカントの製造元であるタイレル社に赴き、社長でありレプリカントを開発した天才科学者であるタイレル博士と面会する。そこで彼は、博士の傍らにいる女性秘書レイチェルが、自分は人間だと思っているが実はレプリカントであることを見抜く。デッカードから自分がレプリカントであることを告げられたレイチェルは激しく動揺するも、やがて両者は惹かれ合ってゆく。

その一方でデッカードは捜査を着々と進め、レプリカントを１人ずつ追い詰めて「解任」してゆく。最後に残ったのは、４人のリーダー格で最も能力が高いロイである。ロイはタイレル社に乗り込み、自分たちの寿命を延ばすようタイレル博士に迫るも拒否される。博士を殺害したロイは、デッカードとの最後の一騎打ちの場に向かう……。

「人間とは何か」「自分は何者か」

本作は、SF 映画史上傑作の誉れ高く、かつアメリカ映画を代表する作品の一つと位置づけられている。実際、2019年（偶然だが本作の舞台も「近未来としての」2019年の世界である）で創刊百周年を迎えた老舗映画雑誌『キネマ旬報』が2018年に発表した「1980年代外国映画ベスト・テン」において、本作は堂々の第１位に輝いている。

本作をみる者に終始付きまとうのは、「人間とレプリカントの違いは何か」という疑問である。この疑問を突き詰めると、とりもなおさず「人間とは何か」という根源的な問いに帰着する。フィルム・ノワールの濃い影響の下、ハードボイルドに味付けされた SF 映画という体裁をとりつつ、このような哲学的問いをみる者に正面から突きつけている点に、本作のユニークさは存する。

本作に登場するレプリカントは、その身体の構造も知能も人間と何ら変わらない。そもそも、専門技術職たるブレードランナーでなければ判断がつかないこと自体、両者を区別する基準が相対的であることを物語っている。むしろ、レプリカントたちが親友や恋人の死に涙し、自らの生命の終焉を前に恐れ慄く様は、冷酷な「人間」の登場人物たちよりもはるかに「人間的」であるとさえいえる（実

際、妻に逃げられ世捨て人同然の生活を送っていたデッカードは、皮肉なことにレプリカントと交わるうちに「人間らしさ」を取り戻してゆく）。いみじくも１人のレプリカントが呟く「我思う、ゆえに我あり」という哲学者デカルトの有名な言葉が示すように、人間を人間たらしめる指標の一つがアイデンティティの意識（「自分は何者か」という意識）だとするならば、自らの生命の有限性をも自覚するレプリカントたちはまさしく人間であるといえる。

「人間とは何か」、「自分は何者か」という問いについて、様々な逆説的エピソードをもって繰り返し観客に考えさせるのも、本作の特徴である。たとえば、４年で寿命が尽きるレプリカントには、製造時に偽りの「幼少時の記憶」がインプットされている。しかし、われわれ人間も、自らの出自を自分自身で「確実に」認識することはできない。私の脳裏に残る幼稚園や小学校時代の思い出の数々は、本当にこの「私」が体験したことなのだろうか。この点においてレプリカントも人間も、実は変わらない。レプリカントたちの自我論的不安は、そのまま本作をみる者一人ひとりの不安とオーヴァーラップする。そして、それは「人間とは何か」「自分は何者か」という根源的な問いと表裏一体なのである。

「人」の権利はなぜ尊重されるのか──憲法と人権保障

「人間とは何か」という問いを憲法的視点から捉え直すと、「なぜ人（人間）の権利は保障されるのか」となるだろう。レプリカントの生命・自由・権利が尊重されない、言い方を変えると人間の生命・自由・権利が尊重されるのはなぜか。

ここで「憲法」というルールの定義を確認しておこう。近代以降のリベラルな民主主義国家における憲法とは、「国民の権利を守るために国家の権力を制限する基本的なルール」と定義されうる（近代立憲主義）。その根底にあるのは、「人は、生まれながらにして、譲り渡すことができない権利＝人権を有する」という考え方である。そして、「人権」とは「人の権利」、つまり国籍・民族・性別・出自等によって差別されることなくすべての「人」に保障される権利である。それゆえ、日本国憲法には「国民の権利」（11条など）と明記されているものの、選挙権など一部を除き、日本に滞在・在住する外国人にも可能な限り日本国民と同等の人権保障が及ぶというのが司法の立場（「マクリーン事件」最大判1978年10月４日）であり、憲法学界の通説でもある。とりわけ日本国憲法は、「すべて国民は、個人として尊重される」（13条）と確言し、一人ひとりがありのまま「かけがえの

ない個」として尊重されることを強調している。

　さて、「権利を守るために憲法によって権力を縛る」という考え方が最初に生まれたのは中世のイギリスである（例：2015年の「マグナカルタ」）が、中世以来の身分制を打破し、「貴族」でも「庶民」でもない抽象的な「人」の権利に言及したのはアメリカ独立宣言（1776年）とフランス人権宣言（1789年）である。いずれも、「人」は「人」として生まれてくる限り当然にその権利（人権）を保障されるとした。その「人」とは、人から生まれてくるという一点の事実のみにより「人」であることが自明とされる。そして、「人」は、一人ひとりが「かけがえのない（代替可能性のない）存在たる個」として尊重される（人権尊重）というのが、近代立憲主義の大原則なのである。

揺らぐ「人間」、揺らぐ「自分」　しかし、21世紀に入って20年が経った現在、その自明とされてきた事柄は揺らいでいる。その揺らぎの要因は、さしあたり２つ挙げられる。一つは、遺伝子組み換えやクローンといった技術の活用、さらにはいわゆる「デザイナーズ・ベビー」の可能性をも視野に収めた生物工学・生命工学の発展である。もう一つは、従来人間にしかできないとされてきた領域にもその活躍の場を広げつつある人工知能（AI）の発達である。いずれも、それぞれのフィールドから「人間」の自明性を揺るがしている。実のところ、この種の問いは、以前から「胎児の権利（あるいは動物の権利）の保障の是非」といった形で提起されてきたが、その問いが今日、科学技術の進歩によって装い新たに人類に前に現れているのである。

　そして、その揺らぎは、「人間」の自明性の揺らぎであると同時に、「かけがえのない個」というアイデンティティ、「自分は自分しかいない」という意識の揺らぎでもある。本作では、デッカードから自分がレプリカントであることを告げられたレイチェルが、茫然として幼少期の写真を置いてゆくシーンがある。ここで彼女が経験するのはまさに自分のルーツ、アイデンティティの揺らぎである。この揺らぎは、本作の舞台である「近未来の2019年」を生きたレプリカントと、リアルな2019年を生きたわれわれ人間との間で共有されている。その揺らぎが「人権保障」という考え方にもたらすであろう帰結はどのようなものか、『ブレードランナー』はわれわれに問い続けているのである。

（石川　裕一郎）

34 自分らしく生きることを願った重度障がい者の実話

∥『こんな夜更けにバナナかよ　愛しき実話』前田哲監督、2018年［日本］

あなたの自由と障がい者の自由　あなたは、どこで誰と暮らしているのだろうか。ある人は、家族や恋人と一緒に暮らして、嬉しいことや悲しいことを分かち合っているだろう。また、ある人は、一人で悠々自適な生活を満喫しているだろう。仕事や学校などの予定はあるかもしれないが、それでも、自分で起床時間を決め、好きなものを食べ、豊かな日々を送っているのだろう。

　迷いながらも、自分らしい選択を選んで生きているあなたから、その選択の機会を奪ったら、どう思うだろうか。つまり、住む場所を勝手に決められ、日々の食事の内容さえも、あなたの意見は反映されない。そして、「住む場所と食事が保障されているのだから感謝しろ。」と、周りからいわれ、圧力を感じながら生きることを強いられたら、あなたは幸せだろうか。この例えは、決してフィクションでも、誇張でもない。現在の日本で、このような生き方を強いられている人々がいる。その人々とは、「障がい者」である。

　この話を聞いたあなたは、「障がい者が抱える障がいの種類と程度は様々であり、障がい者によっては、多少の困難を抱えたとしても、健常者と同じ生活を送ることができている。言い過ぎだ。」と思ったかもしれない。たしかに、障がいを抱えることによる不利益やコンプレックスを感じることなしに、健常者と同じように（または、健常者以上に豊かな）、生活をしている障がい者もいる。では、重度の障がい者は、どうだろうか。例えば、24時間の介護が必要な障がい者が、自分らしく生きるために、一人暮らしをしたいといったら、あなたは、どう思うか。我が儘だっていうのだろうか。誰かの支援が必要な人は、住む場所を自分で決める自由なんてない

こんな夜更けにバナナかよ
愛しき実話／好評発売中／
DVD：3,800円＋税／発売・
販売元：松竹／©2018「こん
な夜更けにバナナかよ　愛し
き実話」製作委員会

のだから、福祉施設か、家族に面倒をみてもらって生活するかしかないのは、仕方ない。不満を抱く方がおかしいというのだろうか。

　では、住む場所や食事・衣服など日常のあらゆることを自分で決め、自分らしい生活を送るあなたと、それができない（許されない）障がいのある誰かとの間の違いとは何だろう。そして、あなたは、自由が制約されて辛いと訴える障がいのある誰かに、その違いを正当化する理由について、どう説明するのだろう。

ある重度の障がい者の命がけの我が儘

　このような問いかけを真正面から扱った映画が、『こんな夜更けにバナナかよ　愛しき実話』である。この映画は、進行性筋ジストロフィーという全身の筋肉が衰えていく病を患いつつも、一人暮らしを続ける鹿野靖明を中心に、彼を支えるボランティアの成長を描くものである。鹿野の筋ジストロフィーの症状は重く、24時間の介護が必要な状態である。彼は、何度も、緊急搬送を繰り返し、生死の狭間を彷徨った。医師には、何度も生きるために、入院を勧められた。それでも、鹿野は「自分は、モルモットではない」と心で叫び、ボランティアの手を借りつつ、一人暮らしを続ける。鹿野は、何度も、母親を拒絶する。なぜか。鹿野は、母親が母親の人生を投げ捨ててでも、自分に尽くしてくれることを知っていた。だから、母親には母親の人生を生きて欲しかったのだ。

　そんな鹿野の生き方の根底には、エディ・ヤングという重度の障がいを抱えながら活躍するアメリカの障がい者活動家との交流の経験がある。「自立とは、誰の助けも必要としないということではない。どこに行きたいか、何をしたいかを自分で決めること。自分が決定権を持ち、そのために、助けてもらうことだ。」というヤングの言葉は、鹿野を支え続けた。

　この映画のもとにあるのは、2003年に渡辺一史が刊行したノンフィクション作品である。そのため、主要な舞台は、1990年代の実際の札幌である。そして、鹿野の一人暮らしを支えたのは、総勢約500人ものボランティアだった。鹿野の場合、大学でのビラ配りやラジオ等を通じて、必死にボランティアを集めた。だが、もっと国や地方自治体が、重度の障がい者が一人暮らしをするためにできることはあったのではないだろうか。

「自立生活」と障がい者運動

　このような鹿野の生き方は、「自立生活（independent living）」という。この自立生活とは、毎日の生活を送るために

は、誰かからの支援が必要であったとしても、障がい者本人が、様々なことを自分で選択をし、コントロールすることが重要だと捉える考え方である。この自立生活という考え方の中で障がい者は、健常者と対等であり、社会において、健常者と同じように、自己決定や平等な機会、そして完全な社会への参加が保障される存在である。ここには、障がいの程度は、関係ない。支援を常に必要な重度の障がい者であっても、自立生活の対象である。

　もしかすると、あなたは、「自立」とは経済的にも、精神的にも、独立して生きることであると考えており、この支援つきの自立に対して、違和感を覚えているかもしれない。たしかに、その意味で、「自立」という言葉を使う場合も少なくない。しかし、少なくとも障がい者福祉の領域においては、「支援があったとしても自己決定をしながら生きる」という意味で自立が使われることが、今は少なくない。いずれにせよ、鹿野は、この「自立生活」を命がけで送ったのだ。

　この自立生活という言葉は、1970年代の障がい者運動に強い影響を受けた。障がい者運動で有名なのは、アメリカとイギリスである。ここでは、イギリスを例にあげる。もともと、イギリス社会において障がい者は、長い間、社会において問題を抱えた集団と考えられてきた。これは「普通の生活ができない者たち」と位置づけられることを意味し、住む場所、働く場所、教育を受ける場所など、健常者とは別の場所で受けることが当たり前だった。当時の障がい者は、一人で満足に生活ができない場合、施設入所が避けられないことだった。これに拒絶の声をあげたのが、隔離に反対する身体障がい者連盟という障がい者団体だった。この団体は、障がい者は自分で物事を判断できない（すべきではない）というパターナリズムを批判した。そして、たとえ支援を必要だとしても、健常者と同じように「自分のことは自分で決めたい」と強く訴えた。

　ちなみに、障がい者が地域で介護・支援を受けながら生活をする「コミュニティケア」と「自立生活」は同じ意味ではない。例えば、家族で生活をする障がい者の場合、コミュニティケアは、そのサービスを障がい者本人ではなく、家族に提供されることが多い。とすると、障がい者本人が日々の生活を自分でコントロールすることが難しくなる。つまり、むやみやたらに施設を否定し、地域で生活することが重要なのではなく、自分の日常を自分で選択し、コントロールすることが自立生活なのである。

**日本で暮らす障がい
者の幸福追求権と
居住・移転の自由**

この障がい者運動の声は、世界中に広がった。とくに、障害者権利条約は、「Nothing about us without us（私たち抜きに私たちのことを決めるな）」というスローガンを掲げ、草案を作成した。もちろん日本の障がい者をめぐる法制度に対しても、このスローガンは、大きな影響を与えた。障害者総合支援法の制定の際に法案内容の検討を行った障がい者制度改革推進会議は、このスローガンについて、多くの障がい者が、社会から「保護される無力な存在」と捉えられて、自分の人生を自らが選択し、決定することが許されなかった経験があると指摘した上で、健常者と同じ権利をもつ人間であることを強く訴えるものと説明した。そして、この会議は、障がい者の自立について、経済面だけでなく、誰もが自分らしく生き生きと生活をし社会に参加することを意味するものであると整理し、障がい者は、必要な支援を活用しながら地域で自立した生活を送り、生涯において尊厳ある生き方が尊重されるべきであるとした。そして、憲法13条の幸福追求権と憲法22条の居住・移転の自由を、「支援決定権」という言葉で、法律に書くべきであると主張した。実際に「支援決定権」という言葉を用いてはいないものの、この主張は、障害者総合支援法に反映された。

　先ほど憲法で定められている幸福追求権と居住・移転の自由という言葉を出したが、障害者総合支援法をはじめとする障がい者福祉にかかわる法制度は、憲法25条に基づいて作られ、運用されている。この憲法25条には、「健康で文化的な最低限度の生活を営む権利」である生存権の保障と、社会福祉、社会保障、そして公衆衛生の向上と増進を行う努力義務が書かれている。たしかに、障がい者福祉を行うときに、莫大な税金が使われている。だから、どんなに素晴らしい障がい者福祉を行いたくても、限界があるといえるので、法制度を作り、運用する国や地方自治体の考え方や事情に左右されるのも仕方ないことかもしれない。しかし、私たちの生存権の保障が、単に「生存している」というだけでなく、「人間として尊厳をもった生存」を意味し、物的にも精神的にも人間として誇りをもつことができる最低限度の生活の保障であるとしたら、障がい者の幸福追求権や居住・移転の自由がもっと保障される法制度を整備するべきだろう。例えば、24時間の支援が必要な鹿野のような重度の障がい者が、あなたと同じように、誰にも遠慮しないで自立生活を送る権利が保障されるように。

（杉山有沙）

35　不幸なおまえのため

——権利侵害のイデオロギー

『**映画　ハピネスチャージプリキュア　人形の国のバレリーナ**』今千秋監督、2015年［日本］

本作品　プリキュアは、テレビ朝日系列で、2004年に放送の始まった女児向けアニメのシリーズである。主に中学生の少女が「伝説の戦士プリキュア」に変身して悪の組織と闘うアニメだ。2021年には放送開始から18年目となった。筆者は、テレビ放送17年分を全作全話みたが、その一貫したテーマは友情と応援である。その人気は「NHK　BSプレミアム」が「発表！全プリキュア大投票」（2019年9月14日）を放送するほどだ。プリキュアは、テレビ放送だけではない。毎年、春と秋に映画が封切りされるのだ（プリキュアの歴史等については、宮昌太朗「プリキュア15年の歩み」Febri編集部『Febri特別号　プリキュア15周年アニバーサリーブック』一迅社、2018年9月を参照）。本作品「映画　ハピネスチャージプリキュア　人形の国のバレリーナ」もそうした映画の一つだ。プリキュア10周年にあたる2014年2月から2015年1月までテレビ放送された「ハピネスチャージプリキュア」の秋の映画である。2014年10月の公開だ。

　本作品のストーリーは、一言でいえば、障害（疾病）を抱えた少女つむぎが、キュアラブリー（愛野めぐみ）等の友情で立ち直るというものである。

　つむぎは、バレエが大好きな少女だが、ある日突然足が動かなくなり、踊ることができなくなってしまった。友達も失ってしまう。孤独な日々を送るつむぎが踊れることのできる彼女のための国（ドール王国）を創ったのが、プリキュアの敵である幻影帝国の幹部ブラックファングだ。「ここはおまえのための国だ」というブラックファングだが、つむぎの幸せを本当に願ってのことではない。プリキュアたちを捕らえるためにつむぎを利用しただけである。

　ブラックファングに操られたつむぎの誘いに乗って、ドール王国にやってきたプリキュアたちは……。本作品でも友情と応援というプリキュアの一貫したテーマが描かれているが、ここでは、このストーリーの引き立て役であるブラック

ファングのセリフに注目する。ここで注目するのは「おまえのため」という言葉と「不幸」という言葉である。

「おまえのため」　ブラックファングは、ドール王国について、つむぎに、「ここはおまえのための国だ」という。「苦しいのはこの世界か？　踊れない、友もいない、現実の世界のほうだろう？」ともいう。

「現実」から隔絶された「おまえのため」の楽園。これは、微弱な伝染病にすぎないハンセン病の患者らを「長島愛生園」（岡山県）だとか「栗生楽生園」（群馬県）などと名づけられた「療養所」に隔離した「らい予防法」（1953年から1996年）を正当化したイデオロギーと重なる。また、宙に浮かぶ周囲から孤絶した大きなピンクの花、その中に街があるドール王国の全景の絵は、瀬戸内海の離島やへき地に建設された「療養所」のそれと重なる。

強力な伝染病という誤解と偏見を基に患者らは社会防衛のために「療養所」に隔離されたのだが、しかしハンセン病隔離政策の推進者の一人であり、「長島愛生園」の初代所長を務めた医師の光田健輔らは、それを患者らの幸福のためと称していた。光田は、「気の毒なライ者とライ者の家族を国家がめんどうをみるのは当然のことである。私も生涯を打ちこんで、ライ者の生活を好転させるよう努力を惜しまなかったつもりである」と述べている（『愛生園日記』毎日新聞社、1958年、211頁）。「ライ」というのはハンセン病の蔑称であるが、ハンセン病の患者らを「気の毒」と決めつけ、その「生活」の「好転」のために努力をしたという光田だが、客観的には、ハンセン病の患者らを「療養所」という名の隔離施設に一生涯閉じ込めたのである。

「らい予防法」については、2001年5月11日の熊本地裁判決（判例時報1748号）が、居住・移転の自由（憲法22条1項）だけではなく「人格権そのもの」（憲法13条）を不当に侵害するものとして違憲だったとの判断をした。

「おまえのため」という法制度は、かつての「らい予防法」だけではない。精神保健福祉法33条は医療保護入院制度を定めているが、それは、当人の「医療及び保護のため」に精神障害者を、家族の同意のもとに、当人にとっては強制的に精神科病院に入院させる法制度である。ハンセン病隔離政策とは異なり、こちらの法制度は、長期の強制入院を想定したものではないが、精神障害者の居住・移転の自由を強力に制約する法制度であることに変わりはない。居住・移転の自由

は、さしあたりは経済的自由に分類されるが、人身の自由としての側面、民主主義の基礎としての側面および自己実現の前提としての側面をも有する自由である。この自由のこうした諸側面を考えると、「おまえのため」に「おまえ」の自由を制約するというこの法制度が、憲法上許容されるとは容易には考えにくい。

**パターナリズム
に よ る 介 入**　「おまえのため」に「おまえ」の自由に介入することを、父親が子どもの自由に介入することに似ているので、パターナリズムによる介入という。そうした介入は、憲法の世界では原則として許されない。介入される当人からすれば全くもって余計なお世話だからである。ブラックファングには全人類を不幸にするという邪悪な企みがあったが、パターナリズムによる介入は、時としては、善意によってもなされるから厄介だ。本作品をみて、そんなことも考えて欲しい。

**「おまえは不幸
そ の も の だ」**　本作品には「不幸」という言葉が繰り返しでてくるが、つむぎに対するブラックファングの「おまえは不幸そのものだ」というセリフはとくに強烈だ。このセリフから、「障害者は不幸を作ることしかできません」という相模原殺傷事件の加害者の大島理森衆議院議長宛の手紙（2016年2月15日）の一文が思い起こされる。重度の知的障害者19人の命が奪われ、27人が重軽傷を負った同事件の加害者は、重度の知的障害者を勝手に「不幸」と決めつけて殺傷したのだ。このような思想は、残念ながら、何も凶悪事件の加害者だけに特殊なものではない。兵庫県は、1966年から74年まで「不幸な子どもの生れない県民運動」を実施し、身体障害児や精神障害児等を「不幸な子ども」と決めつけて、そうした子どもの出生を防止するために、出生前診断等を推進した。そもそも、日本には、1948年に制定された優生保護法（現・母体保護法）という法律がかつてあって、身体障害者や精神障害者らを「不良」（同法1条）と決めつけ、かれらに、その子孫の出生防止のために強制不妊手術を施すこと等を合法化していた。この優生保護法は、2019年5月28日の仙台地裁判決（判例時報2413・2414合併号、8頁）で、子どもを「産む／産まない」を自ら決める権利（憲法13条）を不当に侵害していたとして、ようやく違憲と判断された。

**健常者の思考が
剥 脱 す る 権 利**　本作品の物語の基底には、「踊れない＝不幸／踊れる＝幸せ」というブラックファングの決めつけがある。そのように考えているかれは、「つむぎ！　たとえプリキュアでも、おまえを幸せに

はできん。踊れないおまえは、ますます不幸になるだけだ！」などといい、つむぎを精神的に追い詰めていく。

　「踊れない＝不幸／踊れる＝幸せ」という思考から脱出しないかぎり、つむぎはドール王国に留まらざるをえず、プリキュアたちはつむぎを助けられない。これは、健常者からなる国家社会が、障害や疾病を抱えた個人の権利を軽んじる思考と同じではないだろうか。健常者からみて「不幸」な者たちは、戦後民主主義の時代でさえ、国会が制定した諸法律によって憲法上の権利を剥奪されてきた。それらの諸法律は、社会防衛思想だけではなく、他人を「不幸」と決めつける思考や「あなたのため」という思考によっても正当化されてきた。こうした思考は、時として、国家、多数者あるいは強者が、弱い立場に立たされた他者の権利を剥奪する口実にもなりうるのだ。

　私たちは、何が「幸せ」であり、何が「不幸」であるかを、往々にして、社会の常識を内面化して判断してしまっていないだろうか。その結果、「不幸」と決めつけられた人たちを病院や施設に隔離したり、ベッドに縛りつけたりして本当に「不幸」にしてしまったのではないだろうか。

　憲法13条は、すべての個人に幸福追求権を保障している。それは、特定の属性（障害の有無、疾病の有無など）によって諸個人を「幸せな人」と「不幸な人」とに区別するものではない。どのような属性をもっていようと、もっていまいと、すべての個人には、「しあわせハピネス」を求める権利があるのだ。キュアラブリーらは、「みんな、しあわせハピネス」になれるようにプリキュアをやっているのだが、それが簡単なことではないことも、つむぎとの出会いやブラックファングとの闘いの中で気がつく。そんな「ハピネス・チャージ・プリキュア」の葛藤や闘いぶりも本作品の魅力だ。

（石埼　学）

36 「やってきたのは人間だった。」

──他者を受け入れ、他者とともに生きる

‖『正義のゆくえ　I.C.E. 特別捜査官』（Crossing Over）ウェイン・クラマー
‖監督、2009年［アメリカ］

国境をめぐる人々　映画のサブタイトルにある「I.C.E.」とは、U.S. Immigration and Customs Enforcement の略で、日本語に訳すと「アメリカ合衆国移民・関税執行局」となる。これは2001年の9.11同時多発テロ事件を契機として2003年に設立された国土安全保障省（DHS：US Department of Homeland Security）の下部組織で、出入国管理や税関業務、外国人犯罪及びテロの防止などを主な任務とする。その名のとおり、映画は不法滞在の外国人（アメリカ国内に約1100万人いるといわれている）が働いているとみられる縫製工場の一斉摘発のシーンから始まる。そこで、ハリソン・フォード演じる主人公の捜査官マックスは、不法就労で逮捕された一人の若い女性から幼い息子の世話を頼まれるが……というようにストーリーは進んでいくが、その後、ハリソン・フォードがこの母子を守りながら、悪漢相手に年に似合わぬ派手なアクションシーンを繰り広げてくれる……わけではない。この映画には、この母子の他にも、永住権（通称「グリーンカード」）を求めて四苦八苦する若者や、帰化を目前に控えた老人や少年、テロの容疑をかけられる少女などが登場し、ハリソン・フォード演じる捜査官はどちらかといえば傍観者に過ぎない。また、これらの人々に対して、胸のすくような解決策が示されるわけでもない。その意味でも『正義のゆくえ』という日本語タイトルはミスリーディングであり、この映画は、まさに原題の示すとおり、"Crossing Over"、すなわち国境をめぐる人々の"交差"を描いた群像劇である。

　トランプ政権が誕生した結果、"移民国家"としてのアメリカが危機にさらされたといわれているが、アメリカは、つねに外国人に対してオープンな国家だったわけでは決してない。そもそもアメリカにおいて「移民（immigrants）」とは、「グリーンカード」、すなわち永住権を認められた外国人のことであるが、その数

が出身国別に割り当てられるなどの人種差別は1965年まで続いていた。また、不法滞在者の取り締まりも、その増加が問題となってきた1980年代後半頃から厳しくなり、その傾向は9.11以降、一段と強まっている。国外追放される人の数も、実はオバマ政権下の2012年に約41万人とピークを迎えており、トランプ政権下ではむしろその数は減っていた（たとえば2018年度は約25万6000人である）。この映画が制作されたのは2007年、まだ9.11の記憶が生々しく、外国人（とくに不法滞在者）に対する風当たりが強くなっている様子が淡々と、しかし克明に描かれている。

外国人の"人権"？

日本国憲法は第3章で様々な権利を保障しているが、そのタイトルは「国民の権利及び義務」となっている。それでは、日本国民ではない外国人には、憲法上の権利は保障されないのだろうか。この点につき、判例及び通説は、条文の文言にかかわらず、権利の"性質上"外国人にも当然に認められると解される権利は、外国人に対しても保障されるという考え方をとっている（これを性質説という）。この考え方に基づいて、日本では長年にわたり、"性質上"外国人には保障されない権利として、参政権（15条）、社会権（25条）、入国・在留の権利（22条1項）が挙げられてきた。しかし1981年の難民条約加入を契機に、一部の社会保障法から国籍条項が撤廃され、外国人に対しても限定的ではあるが、社会権が保障されるようになった。また1995年には、最高裁が、永住者等の外国人に対して法律により地方選挙権（93条2項）を認めることは憲法上禁止されていないとの見解を示している（最判1995年2月28日民集49巻2号643頁）。

このように、"性質上"外国人には保障されないとされてきた権利が見直されるようになってきた今日においてもなお、外国人には"当然に"認められないと解されているのが、入国及び在留の権利である。その理由は、国際慣習法上、出入国管理に関しては国家の自由裁量が認められると考えられてきたからであり、最高裁もマクリーン事件判決において性質説に言及しつつも、「憲法上、外国人は、わが国に入国する自由を保障されているものでないことはもちろん……在留の権利……を保障されているものでもない」から「外国人に対する憲法の基本的人権の保障は……外国人在留制度のわく内で与えられているにすぎない」と言い切っている（最大判1978年10月4日民集32巻7号1223頁）。このような最高裁の考え

方によれば、憲法上の権利が保障されるのは、外国人在留制度のわく内にいる外国人、すなわち合法的に滞在が認められた外国人のみであり、そのわく外にいる外国人、すなわち不法滞在の外国人は権利保障の対象外ということになってしまう。実際、このマクリーン事件判決は、出入国管理に関する裁判例の重要な先例となっているため、退去強制や難民不認定の処分の当否を争う裁判において、外国人側の主張が認められることはきわめて稀である。また、外国人収容施設における暴行や長期拘束の問題は深刻であり、自殺や死亡事件も2007年以降、ほぼ毎年発生している。たとえば、2010年3月には強制送還中のガーナ国籍男性が職員に押さえつけられた結果、死亡するという事件が起きている。さらに2019年6月には長崎県の大村入国管理センターで3年7カ月もの間拘束されていたナイジェリア国籍の男性が死亡したが、死因は明らかにされていない。人権とは「人間たれば当然に認められる権利」であるならば、「在留制度のわく内にいる外国人」にしか認められない日本における"人権"は、もはや人権とは呼べない代物である。

アメリカの"ゆくえ" アメリカの場合はどうだろうか。この映画からもわかるように、トランプ政権が誕生する以前から、国境内外での外国人に対する取り締まりは厳しくなっているが、トランプ政権下での政策がこの傾向に拍車をかけたことは確かである。大統領命令によって中東7カ国からの入国を禁止したり、メキシコとの国境に壁を作ろうとしたり、さらには2012年6月からオバマ政権下で実施されたDACA(「若年不法入国者送還猶予措置〔Deferred Action for Childhood Arrivals〕」の略。16歳までに親に連れられてアメリカに不法入国した30歳未満の者について、一定の条件を満たす場合には暫定的に在留を認める措置)も撤廃しようとした。

しかし、このような動きに対して、一定の歯止めがかけられたことも事実である。中東7カ国からの入国を禁止する大統領命令に対しては各地で訴訟が提起され、複数の裁判所が執行停止を命じたため、最終的には内容が若干緩和され形で修正された。国境の壁の建設についても非現実的であるとの批判が強く、実際、トランプ政権下において、建設はほとんど進まなかった(そしてバイデン新政権は国境の壁建設中止を表明している)。DACAの撤廃に対しても複数の裁判所によって差止命令が出された。国内世論も、非合法移民に対して必ずしも否定的という

わけではなく、たとえばCNNによる2019年6月の世論調査によれば、約80％が非合法移民を合法化する政策を優先すべきであると回答している。また、国内の非合法移民をすべて国外追放すべきであると答えた人はわずか15％に過ぎない。そもそも非合法移民の労働力のおかげでアメリカの産業競争力が保たれていることも以前から指摘されている。バイデン新政権の下で、トランプ政権下での移民政策からの転換が図られているが、一方で非合法移民の取締りを求める声も依然として強く、アメリカにおける移民政策が今後どのように進むのかは予断を許さないところである。

"移民国家"ニッポン？　日本では、先述の不法滞在者の処遇の他に問題となっているのが、研修・技能実習生制度を利用した外国人労働者の搾取である。「日本の産業の技能等の修得・習熟」という名目で、実際には長時間・低賃金労働を強いられ、さらには労災隠しのため、指の切断などの重傷を負っても補償を受けられず、過労死や過労自殺があってもなかなか表面化しない。こうした状況への対応が不十分なまま、政府は2018年12月に入管法を改正し、新たに「特定技能」（1号と2号の2段階）という在留資格を設け、5年間で最大34万5000人の単純労働者の受け入れを見込んでいる（2019年4月施行）。これは日本が高齢化及び少子化のため、労働力として外国人を必要としていることに他ならないが、政府は移民の受け入れについては、極めて消極的である。たとえば特定技能1号者については、在留期間の上限は5年間で、その間、家族の帯同も認められず、永住の申請もできないとされており、まさに「使い捨ての労働力」としてしか考えられていない。

　国際慣習法によれば国境の管理は国家の自由裁量とされてきたが、今日では様々な人権条約が成立し、国境の内外で圧倒的に弱い立場にある外国人の人権を保障している（たとえば子どもの権利条約9条は国外追放などで家族ができるだけバラバラにされないための規定である）。私たちはこうした法制度の発展を踏まえつつ、次の言葉を自分たちの問題として真摯に受け止める段階に来ている。

　「我々は労働力を呼んだ。だが、やってきたのは人間だった。」

（スイスの作家マックス・フリッシュ）

（髙佐智美）

37 「国民国家」を超えて
——戦後日本と在日コリアン

‖『焼肉ドラゴン』鄭義信監督、2018年［日本］

ス ト ー リ ー　日本が高度経済成長の真っ只中にあった1969年、「人類の進歩と調和」を謳う万国博覧会を翌年に控えた大阪の近郊（兵庫県伊丹市・中村地区がモデルといわれる）、とある一都市の在日コリアン（在日韓国・朝鮮人）の集落。その狭く騒がしい路地の一角にある、小さな焼肉店が本作の舞台である。この店は、店主の龍吉の名前から「焼肉ドラゴン」と呼ばれている。龍吉は、若い頃に日本兵として徴兵され戦場で左腕を失い、戦後は家族を養うため毎日懸命に働いてきた。

　家族は、龍吉とその妻、3人の娘、末っ子の息子の計6人。家族は、時には大声で罵り合いケンカするも、強い絆で結ばれている。そんな賑やかで温かい家族と常連客との間で繰り広げられる泣き笑いを交えつつ、3人の娘たちの恋模様を軸にストーリーは進行してゆく。しかし、そんな在日コリアンの集落にも時代の波は押し寄せ、地域の再開発のため一家も行政から立ち退きを迫られる……。

　本作は、『月はどっちに出ている』（1993年）、『血と骨』（2004年）といった在日コリアンを主人公にした脚本で知られ、自身も在日3世である鄭義信の初監督作品である。在日コリアンをテーマとする映画は数多く存在するなか、本作の魅力は、既に舞台作品として高い評価を得ていた脚本の演劇的な持ち味を生かし、本作の舞台とほぼ同時期の京都の在日コリアン社会を描いた『パッチギ！』（2004年）と同様にコミカルなシーンをふんだんに盛り込みつつ、しかし近現代の日本史を語るうえで避けては通れない重い過去と正面から向き合った点にあるといえる。

「在日コリアン」とは　まず、「在日コリアン」という語の定義を確認しておこう。この語は、民族的・文化的アイデンティティの観点から日本に帰化した者を含むことも多いが、たんに法的な観点のみから把握するならば、その意味は「日本に在留する韓国籍および朝鮮籍の外国人」である、と

も言える。しかし、一般的にはいわゆる「ニューカマー（戦後、主に1980年代以降に来日し、在留する韓国人）」は含まず、日本が第二次世界大戦の降伏文書に調印した1945年9月2日以前に来日した朝鮮半島出身者、および終戦から大韓民国と朝鮮民主主義人民共和国の成立（1948年）前後にかけての混乱から日本に逃れ、定住するにいたった人々とその子孫である韓国籍または朝鮮籍（この「朝鮮」は、「朝鮮民主主義人民共和国（北朝鮮）」ではなく、彼ら・彼女らの出身地域としての「朝鮮」を指す）の保持者を専ら指す。

　1945年8月当時、日本には200万人以上の朝鮮人が居住していた。その過半は朝鮮半島に帰還するも、日本に生活基盤を有する者、先述したような当時の朝鮮半島の不安定な情勢ゆえに帰還を断念した者等およそ60万人が日本に残った。本作においても、終盤の龍吉の長台詞によって、1948年に起きた「済州島四・三事件」ゆえに龍吉とその妻・英順は帰還を断念せざるをえなかったという過去が明らかにされる。そして、サンフランシスコ講和条約が発効し日本が国際社会に復帰する1952年4月28日を目前に控え、法務省の通達により、この時点で日本に居住していた朝鮮人は皆「外国人」となる。つまり日本政府は、敗戦まで「大日本帝国の臣民」とされた朝鮮の人たちの国籍選択権を認めなかったばかりか、彼らの日本国籍を一方的に剥奪したのである。こうして在日コリアンは、日本国民ならば当然に享受する社会保障等の法の庇護の埒外に置かれることになる。

　後に出入国管理特例法が制定され、戦前から居住する在日コリアンとその子孫には、かつては「日本人」であったという「歴史的経緯」および戦前から一貫して日本に居住しているという「定住性」に鑑み、「特別永住者」という法的地位が付与され、入国審査・退去強制の要件・身分証明書の常時携帯義務といった点において一般「永住者」である外国人と区別されることとなった。『焼肉ドラゴン』の時代からおよそ20年後の1991年のことである。

ヘイトスピーチ：現代日本社会の病　在日コリアンは、日本の国家権力によって法制度上差別され、「治安上の理由」からしばしば危険視されたのみならず、就職・結婚といった日常生活においても様々な局面で差別されてきた。本作においても、両親の期待を受けて日本の有名私立中学に進学した一人息子の時生（ときお）が、しかし日本人生徒たちから凄まじいいじめに遭い、ついには自らの命を絶ってしまうというシーンがある。いや、日本社会に殺されたという方が正確か

もしれない。こういった差別を日本社会は、21世紀に入って20年が過ぎた今も残念ながらまだ克服できていない。

近年とりわけ深刻なのは、在日コリアンに対するヘイトスピーチ（差別煽動表現）、とりわけ「朝鮮人は日本から出て行け」「韓国人は死ね」といった侮蔑的・脅迫的なフレーズを連呼しつつ街を練り歩くヘイトデモである。とくに2012年頃からヘイトデモは激化し、東京・新大久保や大阪・鶴橋など日本を代表するコリアンタウンにおいてたびたび繰り広げられてきた。

このような事態をも受けて2016年に制定されたヘイトスピーチ解消法は、ヘイトスピーチを「本邦外出身者に対する不当な差別的言動」と定義し、それに関する相談体制の整備、ヘイトスピーチ解消のための教育充実と啓発活動といった施策を国と地方公共団体の責務と定める一方、国民にもその解消への努力を求めている。しかし、同法はヘイトスピーチに対する罰則を定めておらず、規制法として不十分であるとの指摘がある。実際、国連の人種差別撤廃委員会も、人種差別撤廃条約（1965年採択・1969年発効・1995年日本加入）に基づき「ヘイトスピーチは表現の自由で守るべき法益ではなく、処罰すべき犯罪である」とし、日本政府に対して厳しい規制を求めている。その一方で、そのような罰則は憲法が保障する「表現の自由」（21条）に対する不当な制約になるとの慎重論も根強い。

もっとも、罰則導入には消極的な専門家たちも、ヘイトスピーチを放置してよいといっているわけではなく、たとえば既存の法令の諸規定（民法の不法行為責任、刑法の侮辱罪・名誉毀損罪・脅迫罪・威力業務妨害罪等）の積極的活用による実質的なヘイトスピーチ規制が主張されている。さらに、ヘイトスピーチの被害が深刻だった川崎市では、2019年に全国で初めてヘイトスピーチに刑罰を科す条例が成立している。このように、表現の自由には十分に配慮しつつもヘイトスピーチを規制する動きは加速しているといえる。

「国民国家」を超える視座　本作の終盤、市職員が焼肉ドラゴンを訪れ、龍吉に重ねて立ち退きを迫るシーンがある。実はこの店、法的には「国有地の不法占拠」状態なのである。龍吉の「わしはこの土地ちゃんと買うた。醤油屋の佐藤さんから買うた！」という訴えに対し、職員が馬鹿にしたように言い放つ「国有地を売り買いできるわけがないでしょう」「いつまでもそんな態度やと、強制執行の手続を採らざるをえんですよ」という言葉は、法的にはお

そらく正しい。しかし、それは、戦前は「大日本帝国」、戦後は「日本国」という冷酷なリヴァイアサンに長らく苦しめられ、翻弄されてきた在日コリアンにとっては「不正義」以外の何物でもないだろう。ここで焼肉ドラゴンに立ち退きを迫る市職員は、まさしく「大日本帝国＝日本国」という怪物のような国家権力の象徴である。

　同様に、英順は、息子が日本人生徒たちからを凄惨ないじめ受け、教師たちもそれを看過している状況をみて、「うちら家族が守らないと誰が守ってくれる？　学校か？　警察か？　どこも信用できへん！」と叫ぶ。学校と警察、つまりこの国は在日コリアンを守ってくれなかったのである。さらに、長女・静花の婚約者である哲男の「守ることあるか、日本の法律なんか。自分らの都合よいようにいくらでも変えよる！」という怒りの言葉は、日本国が在日コリアンを支配する道具として法を都合よく利用してきたことを物語っている。

　だが、本作が発するメッセージは、日本国と日本人の姿勢に対する告発にとどまらない。本作は、実際のところ韓国や北朝鮮をも同様に冷めた目で見ている。言い換えるならば本作は、「日本人」でも「韓国人」でも「北朝鮮人」でもない「在日コリアン」という視座に立つことにより、「日本国」「大韓民国」「朝鮮民主主義人民共和国」といった近代「国民国家」を超える視座を獲得しているのである。

　くわえて本作が繰り返し発する「頼れるのは家族だけ」というメッセージは、たんなる家族愛への賛美ではない。それは、国家の承認を受けずとも家族は十分に共同体たりうるということをも示している。その意味で本作は、家族愛が「民族愛」「郷土愛」「国家愛」に転じるリスクを慎重に排除しているといえる。われわれは、ともすると「日本」とか「韓国」とか「アメリカ」とか「中国」という国家を、「日本人」とか「韓国人」という国民を、所与の存在として考えがちである。だが、その自明性は本当に「自明」なのだろうか。本作を観る者は、そのようなことにまで思いを致らせざるをえないのである。

（石川裕一郎）

38 10万年後の人権

——放射性廃棄物処理をめぐる世代間正義

『**100,000年後の安全**』（Into Eternity）マイケル・マドセン監督、2010年［フィンランドほか］

世代間正義とは どういう問題か　まだ生まれていない人々に「人権」は保障されるだろうか。日本国憲法11条は、人権が保障されるのは「現在及び将来の国民」としている。この規定は「生まれてきたならば」保障されると読むのが素直である。しかし、現在世代のさまざまな活動は、将来生まれてくる人々の生存に大きな影響を与える。現在に生きる私たちが地球環境を破壊したり、資源を使い切ったりすれば、将来世代は良好な生活ができなくなる。そうすると、環境権や生存権など、何らかの人権を将来世代に認める必要があるのではないか。ここで「人権」という言葉を用いるのが適切かどうかも含め、そうした問題は現代の法・政治哲学や倫理学において「世代間正義（倫理）」として論じられている。なぜ「まだ存在しない」人々のために現在の私たちが生活を犠牲にしてまで配慮しなければならないのか。

　世代間正義の議論では、地球環境や枯渇資源の問題がよく念頭に置かれる。ここで重要なのは、こうした問題はかなりの程度、現在に生きる人々の人権問題でもあるということだ。映画『不都合な真実』（デイビス・グッゲンハイム監督、2006年［アメリカ］）で描かれているように、異常気象によって被害を受けるのは主に貧困層が住む地域であり、現在世代内の社会的不正義が問題を深刻にしている。将来世代という難問に取り組む前に、まず現在の人権問題として考えるべき事柄も多くあることを忘れてはならない。

配給：アップリンク

将来世代問題として の放射性廃棄物処理　では、将来世代問題が最も純粋な形で現れるのはどういう場面だろうか。本作『100,000年後の安全』が扱う、放射性

廃棄物の処理がそれに当たるかもしれない。タイトルにある「100,000年」は、放射性廃棄物が人間にとって無害になるまでの年数とされる。それぐらい遠い将来になれば、現在の私たちの誰も、そして子や孫たちも生きてはいない。まったく自分たちと関係のない遠い将来の人々に対し、私たちは何か配慮すべき義務があるといえるのだろうか。

　原子力発電を用いるべきかどうかはエネルギー政策をめぐる難問である。しかし、私たちは既に原子力発電を長年使っており、その放射性廃棄物をどのように処理すべきかは、原子力発電への賛否にかかわらず考えなければならない。

　本作はフィンランドのオルキルオト島に建設中の放射性廃棄物処理場、「オンカロ」（「洞穴」の意味）をめぐる問題を描いたドキュメンタリー映画である。オンカロは地下400m超に放射性廃棄物を埋設する「地層処分」の試みである。本作ではその是非をめぐって、さまざまな立場の科学者、技術者、市民活動家などへのインタビューがなされており、この問題を多面的にみることができる。また、オンカロは多くの雇用を生み、国内外から多くの専門家を呼び寄せる新たな科学都市創造の試みであり、過疎地への危険物の押し付けといった旧来の構図から脱却した都市計画でもある。

何が「安全」なのかも不確実

放射性廃棄物処理において考えられるべき人権問題にはどのようなものがあるか。処理にあたっての安全性の確保や、風評被害の防止といったことは、まず現在世代内の問題として考える必要がある。どのようなプロセスで処分地の決定を行うかも、利害関係が1つの自治体にとどまらないために地方自治の困難な問題がある。そうしたことを踏まえた上で、将来世代について考えるべきことは何だろうか。

　将来世代も当然、良好な環境で暮らすことを望むだろう。しかしそこでどのような環境が将来世代にとって良好といえるのかについては、さまざまな水準の不確実性がある。生物としての人間にとって、異常気象や放射線が有害なものであることはおそらく変わらないはずだ。しかし、それに対処する科学技術は今後、進歩していくだろう。実際、これまで人類はそうして自然の脅威を克服してきた。だとすれば、将来の技術進歩を期待して、放射性廃棄物も現在の不完全な技術で処理するのではなく、将来に先送りすべきではないか。これは無責任な態度のようにも思えるが、これまでの科学技術の進歩の歴史を考えれば、まったく不

合理ともいえない。また、将来世代はただ現在の私たちの行為によって被害を受けるだけの存在ではない。それぞれ自律して集合的決定を行う主体でもある。「最終」処分を先送りし、より確実な技術によって処理できるようにすることが、将来世代の安全のみならず、自律や自己決定権という「将来世代の人権」を保障するという考えもありうる。

むろん、将来世代の自律を期待してよいかどうかは将来の技術水準にもかかっており、現在の私たちが早計に判断できることではない。仮に「予防原則」の立場から最大限に安全寄りの判断を行うべきだと考えるにしても、長期的な問題では何がそれに当たるのか自体が不確実なのである。

放射性廃棄物処理を現在世代で完結させるべきか、それとも将来に先送りすべきかという問題では、さまざまな水準での不確実性のもと、世代間正義をどのように考えるかが問われている。オンカロで「決断」された地層処分は、原子力の受益者たる現在世代の責任を重視したものといえる。つまり、原子力によって利益を得た世代は、その処分まで責任をもつとすることによって、利害関係を世代ごとに閉じる世代間正義の理念がある。

むろん、フィンランドと日本では事情が大きく異なっている。オンカロが建設されているのは数十万年スパンでも変動がないと期待される強固な地盤だが、地震大国である日本で適切といえる場所は限られているだろう。そうした条件では、より確実な技術の登場を待つべきだという主張も説得的でありうる。また東日本大震災と福島第一原子力発電所事故以降の原子力に対する全国的な拒否感をふまえれば、冷静な議論のための条件が熟していないともいえるかもしれない。そうした状況で拙速な決定を行うのは、補助金を見返りとして過疎地に危険物を押し付けるという、民主的意思決定の歪みにもつながる。日本特有の事情を踏まえた上での慎重な議論が必要なことはいうまでもない。

将来世代の「知る権利」のために　本作に登場する人々が強く懸念することとして、放射性廃棄物処理を行ったという記憶が将来世代に適切に継承されるかどうかという問題がある。上述の通り、将来世代の技術水準には不確実性があるが、技術は進歩するのではなく、逆に現在よりも低下する可能性もある。将来世代は400mの地下を掘り進む技術をもちながら、放射線の危険は検出できなくなっていることもありうる。もし、そうした将来世代が過去の記憶を継

承せず、処分場の地下に過去からの貴重な遺産が眠っていると考えて掘り返してしまったらどうなるだろうか。

　オンカロでは将来世代による危険な掘り返しを防ぐため、埋まっているものが危険物であるという「警告」が各所に設置されている。遠い将来世代が現在の言語を理解するとは限らないので、言葉だけでなく多様な記号による警告もなされている。むろん、それも正確に理解されるかどうかは不確かである以上、世代ごとの記憶の継承を確実にするための文書の保存の法的な義務付けも合わせて議論されている。これは将来世代の自律的な決定の基礎になる情報の保存であり、将来世代の側からみれば「知る権利」の保障といえる。オンカロでの「最終処分」は現在世代の責任を重視するものだが、その一方で、将来世代の自律を尊重するための取り組みも模索されている。世代間正義の理念を実効的にするためにいかなる法制度が必要かを考えることも重要である。

上書きされる記憶、保存される記憶　オンカロの計画はそもそも、過疎地への危険物の押しつけという旧来の構図から脱却し、そこにまた新しい科学都市を作るという目標をもつものであった。処分場の土地の記憶は新たな都市の繁栄に向けて「上書き」されていく。それと同時に、掘り返しを防ぐためには危険性についての記憶が保存されなければならない。10万年スパンでの記憶の管理は、このように相反する方向をもっており、放射性廃棄物の管理そのものとはまた異なった難題である。

　本作に登場するフィンランドの人々は、将来世代が自分たちとまったく異質な他者である可能性を想定し、それに対する向き合い方を考えている。それに対し、日本に住む私たちはどこかで、将来の日本に住む人々も自分たちと同じような存在であり、過去の記憶を当然に受け継いでいると考えていないだろうか。ここにはもちろん、地層の安定性をめぐる意識の違いがあるが、より根本的には、過去・現在・将来と続く共同体の範囲をどれだけ長く捉えるかという意識の違いもあるだろう。利害関係を共有する「同じ」共同体の問題として捉えるか、それともまったくの他者に対する向き合い方の問題として捉えるかによって、将来世代問題は異なった見え方をしてくるのである。

（吉良貴之）

39 性役割とジェンダー

──社会状況の変化と判例の変更

『ビリーブ　未来への大逆転』（On the Basis of Sex）ミミ・レダー監督、2018年［アメリカ］

ルースの経歴　ルース・ベイダー・ギンズバーグ（以下「ルース」）は、2020年9月18日に87歳で亡くなるまで、現役で活躍したアメリカ史上2人目の女性最高裁判事である。この映画は、若き日のルースに焦点を当て、事実に基づいて制作されたものである。

　ルースは、1956年にハーバード・ロースクールに入学した。その当時、全学生の500人のなかで女性の学生はたった9人だけであり、ロースクールには、女性用トイレさえなかった。新入生歓迎会では、ロースクール長が女性の学生に向かって「男性の席を奪ってまで入学した理由を話してくれ」と皮肉まじりに問いかけて、ルースは失望した。また、授業では、ルースが最初に挙手をしているにもかかわらず、教授は男性に答えさせて、なかなか発言させてもらえず、やっと発言させてもらえたと思ったら教授から嫌味をいわれる、という状況であった。しかし、ルースは、このような状態に屈することはなかった。夫のマーティン・ギンズバーグ（以下「マーティン」）も、ともにハーバード・ロースクールで学んでいた。やがて、マーティンの法律事務所への就職を機会に、ルースはコロンビア・ロースクールに転学し、彼女は首席で卒業した。しかし、ルースは弁護士になるために、法律事務所へ就職活動をしても女性であることを理由に次々と不採用とされた。結局、彼女は大学教授の職に就いたのである。

『ビリーブ 未来への大逆転』／2020年7月3日リリース／ブルーレイ：¥2,000（税抜）／DVD：¥1,143（税抜）／発売・販売元：ギャガ (C) 2018 STORYTELLER DISTRIBUTION CO., LLC.

50年前のアメリカの実状：性差別　時は1970年、あるとき、マーティンがある訴訟事案をルースにみせた。それは、親の介護費

用の控除の申請が認められなかった未婚男性モリッツの事案であり、彼女が弁護士として最初に扱った訴訟（Charles E. Moritz v. Commissioner of Internal Revenue, 469 F.2d 466（1972））である。当時の税法214条は、介護費用の控除の申請ができる要件を、女性、離婚歴のある、あるいは妻が障害者の男性のみと規定していた。その税法は、映画のなかでルースも指摘しているが、「男性は仕事、女性は家庭」という性役割を前提として制定されたものであり、人々は結婚し、介護は主に女性が行うものであると想定されていたのである。この税法をはじめ、当時のアメリカでは、女性の残業禁止や、男性の陪審員になる義務が女性は本人の同意があるときに限られるなど、男女間での差別を規定した法律が、178と数多く存在していた。たしかに、1970年以前のアメリカでは、性役割が当然として受け入れられていたため、男女格差を規定する法は合憲であるとみなされていたのかもしれない。しかし、ルースは、税法214条が男性に対する差別であり、法の下での平等が謳われたアメリカ憲法修正14条に違反すると考えた。そして、彼女はその税法が憲法に違反していることを裁判所に認めさせることで、社会のジェンダー平等の第一歩になると思い、この訴訟を引き受けたのである。

社会状況と法律の関係　「法廷は、天候に左右されることはないが、社会の変化には左右される。」これは、ルースが受けていたロースクールの講義のなかで教授がいった言葉である。モリッツの訴訟に関して、ルースは性差別について闘ってきた伝説の弁護士を娘のジェーンと訪ねたが、訴訟に勝つことは無理だと冷たくあしらわれてしまう。その帰り道、ルースが、ジェーンに、100年前に女性であることを理由に弁護士になれなかった原告が敗訴した判決（Bradwell v. Illinois, 83 U.S. 130（1873））の話をした。それに対し、ジェーンは「100年前に負けた裁判が、今負けるとは限らない」とルースにいった。また、道でセクハラに値する言葉を掛けてきた男性たちに向かって、ジェーンは恐れることなく反抗して言い返した。このようなジェーンの言動や行動から、ルースはジェンダー差別が当然であると人々に考えられていた状態が、今や変化していることに気づかされたのである。

　肝心のモリッツの訴訟に関しては、法律関係者の誰もが口を揃えて、この訴訟に100％勝ち目はないといった。しかし、それでもルースは諦めずに、訴訟のために努力を重ねていった。法廷での口頭弁論では、裁判官自身が「普通の家で

は、介護は女性で働いて稼ぐのは男性ではないのか」、「それが自然の法則だからとは思わないのか」、税法214条のような規定は、むしろ「女性の特権じゃないか」とルースに問うた。法廷のなかでも「男性は仕事、女性は家庭」という規範が、通念とされていたのである。

法廷：正義を求める主張

もはや、ルースに勝ち目はないと彼女が追い込まれたそのときである。彼女の反論が始まる。「法廷は、天候に左右されることはないが、社会の変化には左右される。」この言葉を証明する反論である。100年前のブラッドウェル判決を先例に、裁判所は次々とジェンダー差別を肯定する判決を下していった。ルースは「100年前なら、私はここ（法廷）に立てていませんでした（しかし、今はこう立っています）」と述べた。また、彼女は、この訴訟の原告である男性は「頑固な母親の介護を背負い、もはや法律（介護を行うのは、ほとんどが女性であると射程を限定して規定された税法）の限界を超えたのです」と主張した。この訴訟では、裁判官は全員一致で原審を破棄して、モリッツに介護の控除を承認した。100％勝ち目がないといわれ続けた裁判は、ルースの決してブレることのない、その信念と努力によって、大逆転（勝訴）に導いたのである。

日本のジェンダー差別構造：課題

アメリカ憲法修正14条では、全ての人に法の平等保護を掲げているが、これは男女平等と明示した規定ではない。それに対して、日本国憲法では14条で、国民は性別により差別されないことを規定している。また、その24条では家庭生活における夫婦同等の権利の保持、立法府に対する夫婦間の個人の尊厳と両性の本質的平等に立脚する法律の制定の指針を規定し、男女間の平等について明示している。

ルースが上記訴訟で勝訴できたのは、彼女の強い信念と正義感だけではない。その背後には、当時のアメリカで当然視されていた「男性は仕事、女性は家庭」という性役割に縛られていないルースとマーティンの夫婦関係があった。たとえば、マーティンは料理が苦手なルースに代わって料理を担当するなど、家事を積極的に行っていた。一方、ルースは、マーティンがロースクール在学中、病気で授業に出席できなかった彼の分の授業も受け、家でその授業内容を彼に教えていた。この相互の支え合いのおかげで、マーティンはロースクールを卒業でき、ルースは大学教授から判事など家の外で重要なキャリアを担うことができた。そ

のキャリアのなかには、モリッツの訴訟での活躍も当てはまるだろう。このように、彼女たちの性役割に縛られない夫婦関係は、日本国憲法24条の夫婦同等の権利を有するという趣旨を国が違うとはいえ、既に実践したものであったといえる。

現行の日本国憲法は、たしかに男女平等を明文で規定している。しかし、「男性は仕事、女性は家庭」という性役割を前提に想定されていると考えられる制度として、たとえば、国民年金の第3号被保険者制度があげられる。第3号被保険者とは、厚生年金の被保険者（フルタイム勤務のサラリーマンや公務員）に扶養されている配偶者のことであり、その9割以上が女性（専業主婦）である。この制度の下では、被3号被保険者は国民年金の保険料が免除される。それゆえ、家の外で働くことよりも専業主婦でいることの方が優遇されるのであれば、多くの人々が優遇される方を選ぶであろう。

また、この映画のモリッツ判決に関連して男性に対する差別といえる日本の事例として、遺族補償年金受給について、配偶者のうち夫のみにある年齢要件が憲法14条1項に違反しないとした判決（最三小判平29・3・21民集255号55頁）があげられる。遺族補償年金の受給について、妻の場合は年齢が問われないのに対して、夫の場合は受給年齢の要件が地方公務員災害補償法32条1項ただし書1号、その特例である同法附則7条の2第2項に定められている。原告は、女性であれば受給できた遺族補償年金が、その受給年齢要件に該当しない男性であったために遺族補償年金が受給できなかった。最高裁は、男女間の労働人口や雇用形態の違い、賃金格差の現状などを理由に遺族補償年金の夫のみの年齢要件は憲法14条1項に違反しないと判断した。つまり最高裁は、地方公務員災害法の男女間の差別的規定を是認したのである。この状況からみても、「男性は仕事、女性は家庭」と性役割を前提とされた法律は見直されなければならない。また、最近の日本では、東京五輪・パラリンピック組織委員会前会長の女性蔑視発言や医学部入試における女性差別など、性差別が未だに存在している。このような現状に鑑みれば、50年前のモリッツ判決が示したように、現在の日本社会でも今や性役割を当然視してきた人々の意識の変化に着目し、性差別を是正する判決が求められているのではないのか。

（川口かしみ）

40 「正義などない？　それでも権利のため闘い続けるんだ」——性的マイノリティとホーム

『チョコレートドーナツ』（Any Day Now）トラヴィス・ファイン監督、2012年［アメリカ］

「生 産 性」の
な い 人 々？

実話に触発されて作られた映画『チョコレートドーナツ』の主役たちは世間から「生産性がない」とみなされがちな人々である。性的マイノリティのルディとポール、ダウン症の子どもマルコ。マルコの母親は薬物依存のセックスワーカー……。

　将来は歌手として成功することを夢見つつゲイバーでのリップシンク（口パク）芸で日銭を稼ぐ貧しいドラッグ・クイーン（女性性を誇張して演じる者）のルディ。結婚と離婚を経て「法律を学び、世界を変えるために」カリフォルニア州に来た地区検事局検事補のポール。ルディの住処である安宿の隣部屋に暮らすマルコとその母親。薬物所持で母親が逮捕されてしまった後、部屋に取り残されていたマルコの世話をひょんな事からルディがみることになる。ゲイバーでのルディの姿に一目惚れしていたポールは自らの法律知識を活かしルディにマルコの

『チョコレートドーナツ』／【オトク値！】ブルーレイ＆DVD発売中／デジタル配信中／ブルーレイ：¥2,750（本体¥2,500）／DVD：¥1,980（本体¥1,800）／発売元・販売元：ポニーキャニオン／(C)2012 FAM-LEEFILM, LLC

暫定緊急監護権を取得させることに成功し、3人はポールの住居で新生活を始めることになる。愛とケアにあふれた3人のホームはしかし、ルディとポールの真の関係性がポールの上司に察知されたとき一気に危機に陥る。ルディたちはマルコの監護権を確保することができるのだろうか……。

「ストーンウォール」
か ら 10 年 後

この映画の舞台となるのは1979年のカリフォルニア州ウェストハリウッドである。当時、同性間性行為を含むソドミー（「自然に反する性行為」）はまだ米国の多くの州で犯罪であったし、数年後の1986年には連邦最高裁がソドミー法を合憲と判断したスキャンダラスなバワーズ判決

(Bowers v. Hardwick, 478 U.S. 186) が出されることになる。もっとも1979年には少なくともカリフォルニア州では同性間の性行為は非犯罪化されていた。にもかかわらず映画が始まってすぐ、ポールとルディが警察から嫌がらせを受けるエピソードが登場する。社会に性的マイノリティへの偏見が強く、警察が恣意的に性的マイノリティを虐げる実務が横行していれば、たとえ法律上は非犯罪化されたとしても、性的マイノリティの現実の生活は危険に満ちた不安定なものとならざるを得ない。

　この映画の時代より10年前の1969年には性的マイノリティの権利運動史の画期とされるゲイバー・ストーンウォールインの「暴動」（蜂起、反乱）が起こっている。1977年にはハーヴェイ・ミルクがサンフランシスコ市政執行委員に当選するなど少しずつ性的マイノリティの市民権の承認が広がってはいた。もちろん先行する公民権運動に大きな触発を受けつつである。一方、男性同性愛者を中心に甚大な被害を生んだエイズ危機の拡大やそれを黙殺することになるレーガン政権の登場はまだもう少しだけ先のことである。現実のアメリカ史においては、2003年のローレンス判決（Lawrence v. Texas, 539 U.S. 558）でようやく同性間性行為を罰することが連邦レベルで違憲と判断され、それと相前後して同性婚の法制化を求める運動が進展していくことになる。2015年のオーヴァーゲフェル判決（Obergefell v. Hodges, 576 U.S. 644）が同性婚の禁止を合衆国憲法違反と判断したことにより法的には一応の決着がみられている。本作が描いているのは性的マイノリティの権利運動が確かに動き始めてはいても、同性婚法制化はまだ遠かった時代のことである。

クローゼットとカミングアウト

ポールは自らのルディとの関係をマルコの母親には「友人」と表現し、暫定監護権を申し立てる法廷では「いとこ」と述べている。同性カップルであること自体は欠格事由とならなかったとしても、それが不利な事情となることはあまりにも明らかだったからだろう。ルディは「いとこ」であると偽らざるを得ない社会のことを差別だと憤る。しかしポールはカミングアウトに踏み切ることができない（「これは差別じゃない。現実さ」）。そのポールが正面から差別問題に向き合う転機となったのは上司の仕打ちである。地区検事局首席検事のウィルソンはあるきっかけでポールとルディの関係性を察知する。経緯は明確には描かれないがポールは職を失い、ルディの暫定

監護権も奪われる。それでもなお煮え切らないポールに対しルディは「世界を変えたくて法律を学んだんでしょ。……今こそカミングアウトして世界を変えるチャンスだよ」と発破をかける。ポールはその言葉に奮起しクローゼットから飛び出し、ルディと共に差別と闘うため法廷闘争を行うことを決意する。

その一方でマルコの特別代理人（公選弁護人）はルディたちを（ゲイではなく）「ホモセクシュアルのカップル」と呼び、「幼児性愛」との関連を仄めかす。審理に当たった判事もルディたちの「ホモセクシュアルであるライフスタイルを隠さないこと」が子どもに与える「悪影響」を懸念する。偏見の壁は厚い様子が描かれている。もちろんマルコたち「家族」を温かく見守る人々もいない訳ではない。それでも彼らの「受容」は黙認やお目こぼしと紙一重であり、この「家族」は法的には極めて脆弱なものである。そのような社会情勢の下でこそカミングアウトは大きな意義をもつ。単に寝室を詮索されないことだけではなく、性的マイノリティを二級市民扱いしない社会という理念が、カミングアウトという言葉（実践）には込められている。

セクシュアリティと ジ ェ ン ダ ー ルディたちがマルコの監護親として適格であるかどうかの審理においてマルコの特別代理人は、ルディがマルコに「女装する姿をみせたかどうか」を執拗に確認し、マルコが女の子の人形をお気に入りにしていることもことさらに指摘される。ここでは人々の偏見はジェンダー二分法を越境することに対して示されているようにも思われる。男性が男性らしくないこと、男性が女性化することへの嫌悪感である。このように性的マイノリティへの蔑視は、ジェンダーに関する差別や偏見と密接に絡み合ったものである。近年、人の性の諸相を表現するためにSOGI（性的指向 sexual orientation と性自認 gender identity）という表現を目にすることも増えてきた。ここにSOGI-ESC として、ジェンダー表現（gender expression）と生物学的性に関する特徴（sex characteristics）を加える言い方もある。ルディの場合は単に同性愛という SO によって差別されているだけではなく、女性的なジェンダー表現が指弾されているとみることも可能かもしれない。

「僕のおうち」 薬物依存の母親の下で満足な養育を受けてこなかったマルコにとって、ルディたちとの暮らしは初めて安心できるホーム（「おうち」）を得ることのできた経験だった。と同時にマルコにとって

母親と共に暮らすということも大事でなかったはずはない。確かにあの母親は子を育てる能力を現時点では欠いているようにもみえる。しかし当事者の能力や資格を問う前に社会が全ての子に対して健やかに育つための環境を真剣に保障しようとしているのかを問うべきではないのか。そのとき、性愛（同性間であれ異性間であれ）で結びついたカップルとその下で養われる未成熟子というモデル（「性的家族」）を前提とすることには一体どれだけの正当性があるのか。シングルペアレントであっても、あるいは様々な困難を抱えた人であっても、その人たちらしいホームがきちんと保障されるような社会を構想することはユートピアに過ぎないのだろうか。「子の最善の利益」という観点からはマルコの養育環境はどのようなものであるべきだったのだろうか。作中では、母親対ルディたちという対立ではなく、彼らの協働へと向かう萌芽も示されていた。しかしその方向に対して何よりの障壁となるのは皮肉なことに偏見に満ちてマルコ自身の声を聞こうとしない司法当局それ自体である。彼らは一体何の番人なのか？　「法の下の平等な保護」を規定する合衆国憲法14修正の精神（日本国憲法14条も参照）そして日本国憲法24条2項の理念（「個人の尊厳と両性の本質的平等に立脚して」）に照らしたとき、誰のどのようなホームを保障することが法には求められているのだろうか。

「もうすぐ、今日にでも」

オープンリー・ゲイであるアラン・カミングス扮するルディが披露するいくつもの歌は本作品にいっそうの陰影を与えている。その中の一曲 "I shall be released"（詞曲ボブ・ディラン）の歌詞の一節 'Any Day Now' が本作品の原題である。「もうすぐ、今日にでも、私は解放されるはずだ」と歌う主人公が何から解放されるのかは多様な解釈に開かれているが、私たちを捕らえている「牢獄」の一つには、異性愛を推定し、性別二分法を金科玉条とする社会制度が含まれているのではないか。1979年から40年。「私たちは解放されるはずだ」というルディの「預言」に今日の（合衆国あるいは日本の）社会は一体どこまで応えられているのだろうか。そのことにも思いを馳せながら本作品を味わってみたい。人を薄っぺらな「生産性」で選別しない社会へと一歩でも前進していくために。ときに「正義などないのでは？」との懐疑に囚われたとしても、歩みを止めることなく。

（池田弘乃）

執筆者紹介

（執筆順、＊は編者）

＊志田　陽子　武蔵野美術大学教授　　　　　　　　　　　　　1・13・18・19

徳永　貴志　和光大学経済経営学部教授　　　　　　　　　　　　　　　2

＊榎澤　幸広　名古屋学院大学現代社会学部准教授　　　　　3・8・27・30

愛敬　浩二　早稲田大学法学学術院教授　　　　　　　　　　　　　　　4

齊藤笑美子　元茨城大学人文学部准教授　　　　　　　　　　　　　　　5

清末　愛砂　室蘭工業大学大学院工学研究科准教授　　　　　　　　　　6

森分　大輔　聖学院大学政治経済学部教授　　　　　　　　　　　　　　7

岩垣　真人　沖縄大学経法商学部准教授　　　　　　　　　　　　　　　9

髙良　沙哉　沖縄大学人文学部教授　　　　　　　　　　　　　　　　10

飯島　滋明　名古屋学院大経済学部教授　　　　　　　　　　　　　　11

木下ちがや　明治学院大学国際平和研究所研究員　　　　　　　　　　12

＊中島　　宏　山形大学人文社会科学部教授　　　　　　　　14・25・26

藤井　康博　大東文化大学法学部教授　　　　　　　　　　　　　　　15

望月衣塑子　東京新聞社会部記者　　　　　　　　　　　　　　　　　16

奥山亜喜子　女子美術大学芸術学部教授　　　　　　　　　　　　　　17

中村　安菜　日本女子体育大学准教授　　　　　　　　　　　　　　　20

比良友佳理　京都教育大学教育学部講師　　　　　　　　　　　　　　21

小池　洋平　信州大学全学教育機構助教　　　　　　　　　　　　　　22

今井健太郎　志學館大学法学部講師　　　　　　　　　　　　　　　　23

鴨志田祐美　弁護士　　　　　　　　　　　　　　　　　　　　　　24

岡田健一郎　高知大学人文社会科学部准教授　　　　　　　　　　　　28

斎藤　一久　名古屋大学大学院法学研究科准教授　　　　　　　　　　29

金井　光生　福島大学行政政策学類教授　　　　　　　　　　　　　　31

茂木　洋平　桐蔭横浜大学法学部准教授　　　　　　　　　　　　　　32

＊石川裕一郎　聖学院大学政治経済学部教授　　　　　　　　　　33・37

杉山　有沙　帝京大学法学部専任講師　　　　　　　　　　　　　　　34

石埼　　学　龍谷大学法学部教授　　　　　　　　　　　　　　　　　35

Horitsu Bunka Sha

映画で学ぶ憲法Ⅱ

2021年6月15日　初版第1刷発行

編　者	志田陽子・榎澤幸広 中島　宏・石川裕一郎
発行者	畑　　光
発行所	株式会社 法律文化社

〒603-8053
京都市北区上賀茂岩ヶ垣内町71
電話 075(791)7131　FAX 075(721)8400
https://www.hou-bun.com/

印刷：中村印刷㈱／製本：㈱藤沢製本
装幀：仁井谷伴子／カバー写真：豊田直巳

ISBN 978-4-589-04159-3

ⓒ2021　Y. Shida, Y. Enosawa, H. Nakajima,
Y. Ishikawa Printed in Japan

志田陽子編 # 映 画 で 学 ぶ 憲 法 A 5 判・210頁・2530円	映画を題材に、憲法について考え学ぶための入門書。現実そのものでない〈映画〉と現実の歴史から生まれた〈憲法〉を行き来する作業を通じて、憲法の抽象的な規範をリアルな現実から捉える思考力と想像力を養う（約50作品を所収）。
志田陽子編著 # 合格水準 教職のための憲法 A 5 判・304頁・2750円	教職課程および教員採用試験に対応した「憲法」の標準テキスト。学校現場にかかわる人権判例や教育者に必要な人権感覚にかかわる具体例を多く取り上げ、憲法概念との接点を丁寧に解説。各章末には試験対策のための「教員採用試験エクササイズ」を、随所に教育現場で役立つコラムを掲載。
宍戸常寿編〔〈18歳から〉シリーズ〕 # 18歳から考える人権〔第2版〕 B 5 判・106頁・2530円	人権によって私たちはどのように守られているのか？ ヘイトスピーチ、生活保護、ブラック企業……人権問題を具体例から読み解く入門書。SDGs、フェイクニュース、コロナ禍の解雇・雇止めなど、人権に関わる最新テーマにも言及。
日本平和学会編 # 戦争と平和を考えるNHKドキュメンタリー A 5 判・204頁・2200円	平和研究・教育のための映像資料として重要な NHK ドキュメンタリーを厳選し、学術的知見を踏まえ概説。50本以上の貴重な映像（番組）が伝える史実の中の肉声・表情から、戦争と平和の実像を体感・想像し、「平和とは何か」をあらためて思考する。
駒村圭吾・吉見俊哉編著 # 戦後日本憲政史講義 —もうひとつの戦後史— A 5 判・402頁・6490円	憲法典の字面を書き換えることだけが目的化されている昨今、法令、判例、閣議決定を中心とする「解釈実践」が積み重ねられてきた。そうした状況にあるいまこそ、憲法の実相や重みを受け止めるべく、戦後日本政治史を憲法から深く読み込み、「戦後」の意味を問う。

──────── 法律文化社 ────────

表示価格は消費税10%を含んだ価格です